色で心を癒す「セルフカラーセラピーガイド」

色で簡単に自分のことを癒し、
整えることができるセラピー

木下真由美 著

セルバ出版

はじめに

「カラーセラピーって似合う色のこと?」

私がカラーセラピーを教えていると言うと、何度このように返されたでしょう。

沢山のカラーセラピーシステムが存在し、カラーセラピストも続々と誕生する中で、未だにカラーセラピーが認知されていません。それは、カラーセラピーを特別なものと捉えすぎているのではないでしょうか。

もっと私たちの身近にあるものと捉えていただくには、一体どうしたらよいのでしょう? この問いは、私が色の仕事に就いたころから消えることはありません。

また、こうも考えます。自分が社会のためにできることは何か、自分以外の誰かのためにできることは何か、そう考えると、行き着くところは、色を取り入れることでどんな効果があるのか、色を取り入れることが豊かな人生を過ごす術の1つだということを1人でも多くの方に知っていただくことに他ありません。

私たち人間は、五感から受け取る情報のうち、視覚からの情報が一番多いと言われ、その中でも形より色に影響を受けると言われています。それは言い換えると、人は知らず知らずに目に映る色から影響を受けていると言うことです。

私たちの周りには、さまざまな色があります。その色を使って自分をケアしていく、自分のご機嫌は自分でとっていく方法が、ここでご紹介するセルフカラーセラピーです。いつも誰かに答えを求めるのではなく、自分で自分の考えを探っていけるように、そんな自分になれたとしたら、人はもっと楽に生きていけると思うのです。

自分で自分を整え、さまざまな事象に対応していく力は、この激動し、混迷する時代に必要不可欠な力でしょう。色を自分の生活に取り入れていくことは、難しいことではありません。日々簡単に取り入れていただくことができ、それを継続していただくことで、人は、色に敏感になっていきます。

毎日続けるには簡単でなければなりません。それにはコツがあります。

今回、本書を書くにあたり、私は、色彩の世界の愛好者の1人として、広大な色の世界の一端を書かせていただいたに過ぎず、そこには、私なりの色への解釈も含ませていただいたことをここに記させていただきます。

また、本書は、カラーセラピストになるためのものではなく、自分でセルフカラーセラピーをするための本であるということ、それゆえ、本書を読んだからと言って、誰かにカラーセラピーをしてあげるといったことはできません。このことは、ここに明言しておきます。

カラーセラピーを学びたいと思われたのなら、プロのカラーセラピストのところに足を運んでみてください。

本書は、あなたが色を使って、自分と向き合い、あなたの心の声を聴く、そのためのガイドとしてお使いいただけたらと思います。

読者の皆様のご意見、ご叱正を戴ければ幸いです。

2024年12月

木下　真由美

色で心を癒す「セルフカラーセラピーガイド」
色で簡単に自分のことを癒し、整えることができるセラピー　目次

第2章　セルフカラーセラピー

第3章　色と心はつながっている

第4章　もっと色の世界を取り入れよう

第5章　カラーセラピーのすすめ

第6章　色のメッセージ「このようなときは、この色」

第１章

カラーセラピーの歴史

カラーセラピーの歴史

カラーセラピーの歴史は、古代エジプト時代まで遡ります。

古代エジプト時代、病気の治療等を目的として、太陽の光を体に当てるといった太陽療法（ヘリオセラピー）が、カラーセラピーの起源と言われています。

絶世の美女クレオパトラがウルトラマリンやラピスラズリを粉末にしてアイシャドーに用い、ツタンカーメンの装飾品にラピスラズリが使われていました。古代の人々は、青には魔除けの力があると信じていました。

古代の人々が色を使って生きていたということは、ラスコーやアルタミラの洞窟壁画や世界最古と言われるショーヴェ洞窟壁画で知ることができます。これらの洞窟壁画には、主に、赤、茶、黒、黄色が使われていました。

ショーヴェ壁画は、今から約3万6000年前のものであるといわれていることから、人間が、色と共に生きてきた歴史は、3万年以上前に遡ります。

日本でも色を顔料として用いたり、絵具として用いたりしていたという記述が残っています。

カラーセラピーとは、ご存じの通り色彩療法のことで、色の持つ効果を利用して、心を癒すセラピーのこと、自分の心や体の状態を知ることができる、自分の中の答えに気づくことができる、心が癒されたり、心身をコントロールできたりなどの効果があります。

心は目に見えるものではありませんが、色を通して、心の状態を知ることができるのです。

現代の私たちも日常で色とともに暮らしています。色を意識していくことで、カラーセラピストではなくても、色の力を簡単に取り入れることができます。

その方法は特別なものではありません。簡単に取り入れられて生活に活かしていく術をご紹介していこうと思います。

さまざまなカラーセラピーの種類

ここでは、代表的なカラーセラピーシステムについて、ご紹介していきます。

１９８０年代、光を透過するガラスボトルを使ったカラーセラピーが誕生しました。ガラスボトルの中身は、色がついたオイルや水が入っているものです。このガラスボトルを使うカラーセラピーがイギリスでスタートしました。英国式カラーセラピーと言われるものにあたります。

カラーセラピーというと、カラーボトルを使ったものをイメージされるかもしれませんが、現代では、さまざまなカラーセラピーが存在します。

日本発祥のカラーセラピーシステム

日本で生まれたカラーセラピーも沢山あります。カラーボトルを使うものもあれば、色ガラスを使うもの、紙のチャートを使うものなど種類も豊富です。そして現在でも新しいものが次々と生まれています。

カラーセラピーセッションも、カラーセラピーシステムごとにやり方に違いがあります。すべて同じやり方というわけではありません。

もし、カラーセラピーを学んでみたい、と本書をきっかけに思われたとしたら、どのカラーセラピーを学ぼうかと考えると思います。

一番よい方法は、自分がカラーセラピーセッションを受けてみることです。セッションを受けられずにカラーセラピスト養成講座を受けられる方も多いですが、受けてから、思っていたのと違ったと思ったとしても、どうにもなりません。事前に自分で体験してみましょう。

自分のためのカラーセラピーガイドとして

本書は、あなたのためのカラーセラピーガイドです。

カラーセラピーを学んでいなくても、自分で、自分のためにセルフカラーセラピーができるように、そのためのガイド本と考えてくださったらよいと思います。

毎日色を手にとり、セルフカラーセラピーをしてください。あなたの心は目に見えることはありませんが、色を選ぶことで、あなたの心と体の状態を知ることができます。

そして、ありがたいことではありますが、いつもカラーセラピストまたは誰かに頼るよりも、自分で自分を癒し、心を整えられることが、あなたの一番の幸せです。

最高の幸せとは、自分で自分を癒すこと。色はあなたに寄り添ってくれます。

自分でメンタルを整えられることは、とても大切です。自分のために色を活かす生活を送りましょう。

内面の色と外面の色

カラーセラピーは、直感で色を選び、選んだ色から自分の内面と向き合うものです。色を通して心と体の状態を知ることができるなど、内面を探っていくものです。

いわば、カラーセラピーが、内面へのアプローチとしたら、パーソナルカラーとは、その人の生まれ持った肌の色や瞳、唇の色と調和した似合う色のこと、つまり、パーソナルカラー診断とは、それらをもとに、似合う色、なじむ色を導き出すもので、外面へのアプローチです。色を一言で言っても、このような違いがあります。

カラーセラピーとは内面へのアプローチ、パーソナルカラー診断は外面へのアプローチと覚えておきましょう。

パーソナルカラーに振り回されない

あなたは、自分の似合うカラーを知っていますか？　自分のパーソナルカラーを知っている人は案外多いです。

特に女性なら自分の似合う色を知り、自分に似合う色がわかると、それ以外の色は避けようとする人がいます。

自分に似合う色、なじむ色を身に着けることは、素敵なことですが、それに固執してしまうのではなく、たとえば洋服以外のものにでも、そのほかの色を取り入れることに挑戦してみてほしいのです。

色は視覚だけにとらわれず、五感で感じるものでもあります。たとえば、色を選ぶ際、その日が真夏の暑い日だったとすると、ジリジリと燃えるような太陽をイメージして赤系の色を選ぼうとするかもしれないし、逆に涼しさを求めて、青系の色を選らぼうとするかもしれません。

色を選ぶとき、天候の影響が選ぶ色に出るなど、その他、さまざまな事柄に影響を受けます。人の心はお天気と一緒。お天気はずっと同じではありません。晴れの日もあれば雨の日もあります。もっと細かく言えば、晴れていても、ずっと同じではありません。陽がさしていても、時に陰ることもありますし、晴れていたと思ったら、急に雷雨なんてこともあります。

心はお天気と一緒。刻一刻と変わるものなのです。それゆえ、セルフカラーセラピーを1日の間で、朝と、夜の2回行ったとして、その際、朝と夜で、違う色が気になったとしても、何ら不思議なことではないのです。

気になる色を選ぶと何がわかるのか

気になる色を選ぶと何がわかるのかというと、それは、内面の色、つまり心と体の状態や願望などが表れるということをお伝えしました。「好きな色と気になる色は違うのですか？」とカラーセッションをする前にクライアント様がおっしゃることがあります、そして、セラピスト側でも「好きな色ではなく、気になる色を選んでください」とセッション前に、お伝えします。

システムによって、好きな色を選ぶものもありますが、それはパーソナリティを探っていきたい場合です。

今、気になる色を選ぶことで、今の心と体の状態や願望などが表れるのです。私たちの心の中は、潜在意識と顕在意識が存在していると言われています。

顕在意識が3～10％あるとしたら、潜在意識は90～97％を占めると言われています。カラーセラピーは心の大部分を占める潜在意識に働きかけることができるのです。

ここで選ぶ色は気になる色

自分でセルフカラーセラピーをするときは、必ず、今、気になる色を選んでください。そうすることで、潜在意識にアクセスをし、今のあなたの心の声を知ることができます。私たちは潜在意識について知ることはできませんが、心の大部分を占める潜在意識が、私たちの行動や思考に影響を与えていないはずはありません。

カラーセラピーで心の声を知ることができるのです。ただ、セルフカラーセラピーは、色の解説者であるカラーセラピストがカラーセラピーセッションを行ってくれるものではなく、自分自身で行うものです。

色の意味を覚える必要はありませんが、セルフカラーセラピーを繰り返し行うことで、色と仲良くなってください。色と仲良くなることで、カラーセラピーを学ばなくても、セルフカラーセラピーでわかることはたくさんあります。それも継続することでわかってきます。

これもカラーセラピー

私の周りに、空の写真を撮るのが好きな人がいます。「今日の空」と写真をSNSに投稿しています。彼女の写真は、毎回いろんな空の写真です。当たり前ですが、同じ写真はありません。

空の写真は、心と同じ、季節、天候、撮影する時刻により、細かく言えば一瞬一瞬、空の色は違うので、彼女はきっと、毎日空を眺めては、綺麗と思った瞬間の空を撮って、SNSに載せてくれているのだと思います。これも、空の色を使ったセルフカラーセラピーとも言えます。

私たちは、色を見ると癒される瞬間があります。私は色鉛筆をはじめ、カラフルなペン、絵具やパステルなど、仕事上、たくさん持っていますが、それらを仕事のとき、テーブルの上に広げると、生徒さんたちは、間違いなく「綺麗〜」とおっしゃいます。

カラーセラピーで癒されるのは、カラーセラピーセッションでのみ得られる効果ではありません。

たとえば、自然の中にある色やたまたま見た色に心を奪われ、心地よさを感じたり、自分の好きな色のものを身に着けることで、気持ちがあがったり、また、自分でセルフカラーセラピーをすることで、心を穏やかに保つなど、どれも色の力によるもので、カラーセラピーといえると思います。このように意識的に色を取り入れて、色と仲良くなってみませんか？　あなたの人生が今よりもっと豊かになるでしょう。

あなたの周りにあるたくさんの色

私たちの周りには色が溢れている、そう感じたことはありませんか？　洋服、バッグなど、身に着けるものから、食材、食器、寝具、文具類、コスメ、ネイル、植物、自然にある色など、色は沢山あります。

それだけ色が溢れている中で、パーソナルカラーは確かに素晴らしいですが、そこだけに囚われていては勿体ないと思いませんか？　直感で色を選び、取り入れていく毎日を自分のために実践することで、あなたの日常や見える景色は変わってきます。

私たちは、日ごろ、直感より、思考を使っている人が多いでしょう。セルフカラーセラピーでは、「感じる」ことを第一にしてほしいのです。直感で色を選ぶという行為は、数少ない右脳を使うチャンスでもあります。セルフカラーセラピーで、色を直感で選ぶことを続けてみてください。たとえ、セルフカラーセラピーができない日があっても自分を責める必要ありません。できない日があっても、また次の日に行えばいいのです。

ただ、続けやすいように、家庭の中で、いつでもセルフカラーセラピーができるように、セルフカラーセラピーで使う道具である手帳と色鉛筆などの絵具をすぐに手に取れるところに置いておいてください。

そして、セルフカラーセラピーを行う時間をある程度決めることです。たとえば、夕食が終わり、一息つく時間に行うなど決めておくとよいです。それが続けるコツの1つです。

私のセルフカラーセラピーを行う時間帯は、毎晩夜と決めています。私の場合は、そのとき、気になる色を選ぶというのではなく、今日はどんな1日だったかを思い出しながら色を選ぶようにしています。

ここで、今気になる色を選んでいただくのでも、もちろん構いません。ここで問いがあるほうが、それに対してダイレクトに色からのメッセージを感じることができるので、そのようにしています。たとえば毎朝行うのであれば、その日をどんな1日にしたいかをイメージして色を選ぶといった感じです。よかったら参考にしてください。

このように毎日、セルフカラーセラピーを行うことで、色に敏感になってくるので、私たちの周りにあるたくさんの色を見て、無意識に自分が惹かれる色を探したりして、自分でセルフカラーセラピーをしたりといったことも、できるようになるでしょう。

日本の歴史と色

日本の歴史と色について考えると、日本では、聖徳太子が活躍した時代の603年に最初の冠位制度である冠位十二階が制定され、位に応じて冠や服の色が分けられていました。そして、平安時代には、貴族の女性たちが、何枚も色鮮やかな着物を重ねることで、季節を表し、その重ね方で、おしゃれを競っていたと言われる十二単があります。

また、江戸時代は、階層によって色に制限がありました。染料が高価であった紅梅色や本紫は庶民には禁じられていました。幕府が庶民に贅沢を禁じたため、庶民たちは、華美な色の着物を着ることができませんでした。

そのため、彼らは、茶色や鼠色の沢山のバリエーションを生み出し、それが当時の粋な色とされました。茶系の色では、人気歌舞伎役者の名前をとった色、「路考茶」「団十郎茶」「芝翫茶」などまだありますが、このような役者色と鼠色の沢山のバリエーションなど四十八茶百鼠と呼ばれた淡い色調が江戸時代の庶民たちには人気でした。

このように、私たち日本人は、はるか昔から、色に意味や価値を持たせていたことがわかっています。到底ここでは書ききることはできませんが、日本の歴史と色については、本書ではセルフカラーセラピーを語る前に、もう少しだけ代表的なものをご紹介したいと思います。

日本の伝統色

古代から日本人は色に意味や価値を見出してきたことは、お話ししました。そんな中で、日本人は四季の移ろいや暮らしの中に美を見いだし、日本の伝統色を生み出しました。日本の伝統色は、染料や顔料の色、自国に生息する鳥や植物などの名やそれらから連想できる和の色です。たとえば、「刈安」という色名は、「かりやす」と読みますが、青みがかった鮮やかな黄色です。山や野に自生するイネ科の植物である「刈安」で染めた色のことで、「刈安」とは染料です。なぜ「刈安」という名が付いたのかというと、文字通り、この植物が刈りやすく、そして入手しやすかったことから、この名が付いたと言われています。

そのほかでは、たとえば「萌黄」は、「もえぎ」と読みますが、鮮やかな黄緑色です。この色は、春先、草木が芽吹く新芽の色で、植物が芽吹くことを、萌え出ると言うことが「萌黄」という色名の由来と言われ、自然の中から生まれた色になります。

そして、人名に由来するものでは、「利休鼠」「りきゅうねず」などがあります。色は緑みの灰色です。利休とつく色名はどれも緑みがかった色をしています。桃山時代の茶人である千利休が好む色であろうことを想定したことが、利休鼠という色名の由来と言われています。

そのほか、「新橋色」とは「しんばしいろ」と読みますが、東京の「新橋」が由来です。色は緑がかった明るい青色で、明治中期から大正時代に、当時の「新橋」の芸者さんたちに愛された色でした。日本の伝統色は、日本古来より伝わる色で、その名前も美しく、日本の歴史と色を語る上では、欠かせないものです。

カラーセラピーの面白さ

カラーセラピーは自分で選んだ色を通して、そのメッセージが何を表しているのか、自分の心と擦り合わせをしながら、自分で答えを見つけていくのが面白いところだと私は思っています。そしてなお、面白いと思うのが、その答えさえも、すぐにピンと来ることもあれば、こないこともあるのです。カラーセラピーセッションをしていても、クライアントさんが自分で、自分の選んだ色を見て、セラピストのセッションを受けていても、何も響いていないなんてこともあります。

セッションを受けてくださった日、家へと帰る車の中でピンと来る、または、翌朝や2,

3日たった後で、この前のセッションはこういうことだったのか、と感じるということもしばしばあります。実際にご報告くださる方も多いのです。「先生、昨日のセッションのあと、家への帰り道で、ふとこんなことが頭に浮かびまして、セッションはこんなことだったのではないかと思うのです」と、少し興奮しながら連絡してくれることが、一度や二度ではありません。

こういったことは、実によくあることなのです。したがって、カラーセラピーとは、セッションを受けた後でも、自分の心と対話をしながら、あのときのセッションはこんなことじゃないかなと自分の中で、何度も反芻しながら、じわりじわりと心に浸透していくようなもの、そこが最大の面白いところであり、カラーセラピーの魅力だと思うのです。ゆっくりと自分で自分の心のモヤモヤを取り除いていくようなものだということです。

そのため、即効性があるものではありませんが、日々続けていくことで、自分で自分のケアをすることは上手になっていきます。セルフカラーセラピーも同じです。

セルフカラーセラピーをすると、色のメッセージがあなたにこうしなさいと教えてくれるわけではありません。カラーセラピストからカラーセラピーセッションを受けると、セラピストがあなたの選んだ色から、こういうことですよ、と教えてくれるわけでもありません。色の解説はしてくれますが、要は、あなたが感じることがすべてということです。

色のメッセージから、自分の心と向き合って、こんなことなんじゃないかなとあなたが感じることです。たとえば、何か問いがあって、それについてイメージをしながら色を選ぶ場合、その問いを明確にイメージして色を選ぶことは大切です。

そして、そのとき選んだ色が、その問いについての答えを、言葉でしゃべってくれたらいいですが、それは色のメッセージとして、あなたに問いかけてくれるでしょう。それをあなたは、自分の心と対話しながら、自分で見つけていくことです。それはすぐにピンと来なくても、数時間後にテレビを見ていて、ピンとくるかもしれないし、偶然のタイミングでそれは起こるかもしれないのです。

カラーセラピーで色を選び、その色からのメッセージは、蓋をされている潜在意識からのメッセージ、あなたが選んだ色は、あなたの心を綺麗にするトリガーの役割のようなものだと私は考えています。

カラーセラピーは、私たちの心にとてもよいということはおわかりいただけたでしょうか？　何より、薬のような副作用もなく、手軽に取り入れることができるのですから、私はたくさんの人が、このカラーセラピーのよさにもっと気づいてくださることを願っています。セルフカラーセラピーを取り入れていただくことで、自分の心のほぐしやケアに役立てていただきたいと思います。

第2章

セルフカラーセラピー

このセルフカラーセラピーのよいところ

セルフカラーセラピーのよいところは、時間をかけず、簡単に、自分でできることです。高価な道具も必要ありません。自分でメンタルケアができる、それも簡単にできるのです。

カラーセラピーは色で心を癒すことはもちろんですが、心のトレーニングに近いものもあると感じます。カラーセラピーを行うことで、色が潜在意識にアクセスし、心をほぐす役割を色が担っていると言えます。

セルフカラーセラピーで、心をほぐし、自分のメンタルケアは自分でできるようになると理想的です。

いつも迷うと、誰かに相談する、セラピストや占いに頼る、といった人も女性には多いのではないでしょうか。占いはどんなことを言ってもらえるかドキドキして、面白いですし、カラーセラピストの私としては、大いにカラーセラピーセッションを受けてもらいたいとも思います。

ただ、それではいつまで経っても、自分で自分をコントロールできるようになる、メンタルケアができるようになるとは言えません。

一番よいのは、自分で自分を癒し、自分で自分の心を整える術は知っていること。時にわかっていても、誰かに話を聴いて欲しいと思うことがあります。そんなときは、カラーセラピストのところに行ってみてください。

理想的なのは、自分で自分を整えられつつ、時に、カラーセラピストからセッションを受ける、占いが好きな人であれば、時に占いを利用するほうが理想的でしょう。

特別に色の勉強をしている人でなくても、色を生活に取り入れていくことはできます。その方法として、セルフカラーセラピーを日常のルーティーンの中に取り入れることは、簡単にできます。そうすることで、色を意識するようになり、色ともっと仲良くなれます。

用意するもの

セルフカラーセラピーをする上で用意して欲しいものをご紹介します。

セルフカラーセラピーは、12色以上の色鉛筆などの絵具を用意します。発色がよいものが、好ましいと思います。きれいに塗れないものは、続けるのが億劫になります。塗っていて心地よいものを選びましょう。

セルフカラーセラピーは、この色鉛筆などの絵具がカラーセラピーツールだと思ってください。カラーセラピーは、ボトルやチャートなどの特別なカラーセラピーツールがなくてもできるものなのです。どこでも手に入れることができて、安価であること、これもセルフカラーセラピーを続けるうえで大事な要素になります。

セルフカラーセラピーが慣れてきたら、12色から、16色、24色と色を増やしていくと、色を選ぶのがさらに楽しいです。あなたが色を塗っていて、心地がよいと感じられる、発色のよい絵具を選んでください。あとは手帳があれば大丈夫です。道具が揃ったら、早速セルフカラーセラピーを行っていきましょう。

まずは色日記から

セルフカラーセラピーの毎日でも続けられる簡単なやり方をご説明します。12色以上の色鉛筆などの絵具と、手帳が揃ったら、セルフカラーセラピーを始める際、絵具の色を全体見渡します、その中で、気になる色を全部で2色選びます。

セルフカラーセラピーは、たとえば、毎朝か毎晩のできるだけ同じ時間に色を選ぶなど、ある程度決まった時間帯に行うほうがよいでしょう。

最初に気になる色を1色選び、続いて、また残りの絵具の中からもう1色選ぶ、といった具合に直感で、全部で2色選びます。そして、スケジュール帳のその日の余白部分に選んだ2色の色を塗っておきましょう。

自分が選んだ色をみて、どんな感じがしますか？　考えるのではなく、色を見て感じることに意識を向けてみてください。

メモ程度でよいので、スケジュール帳に今日選んだ色と共に、色を見て感じたことを今日の日付の余白に書いておくと後から見直してもわかると思います。

私たち日本人は、左脳優位と言われ、右脳をあまり使ってないと言われています。勉強や思考は、左脳の働きで、ひらめきや直感は右脳の働きによるもの。セルフカラーセラピーを行うことで、普段あまり使われていない右脳を活性化することに繋がります。

自分が選んだ色を見て、この色の意味は？　と考えるのではなく、選んだ色を見て、何を感じるのか、感じることに意識を向けてみてください。あなたが選んだ色によい悪いはないですし、あなたが感じたことが正解です。

色の意味を気にするのは

色の意味を気にするのは、思考が働いています。特に男性は論理的で、女性は感情的と言われるように、男性ほど、カラーセラピーセッションをすると、「この色の意味が知りたい」と言われることがよくあります。

色の意味は無限です。あなたが自分の選んだ色を見て、どんなふうに感じるのか、そこであなたが感じること、それがあなたの感じる色の意味です。

色の意味

色の意味を考える必要はないということはお伝えしました。色の意味は何通りもあります。本書は、色を学んだことのない人でも、色の力を取り入れて、毎日を健やかに過ごしていただけるよう、専門的なことを書き連ねるのではなく、誰でも読んで、簡単に理解できることを目指しています。

それゆえ、色の意味についての解説は一切書いていません。色の意味を書いてしまうと、人は、その意味を元に考えてしまうからです。これは思考が働いています。本書を手に取られた方が、色の本なのに、色の意味が書いてないと思われるかもしれませんが、そういった理由からなのです。

ただし、色を学んだことのない方でもできるセルフカラーセラピーのガイドとして、参考程度に2色の組み合わせの色のメッセージ、1色の色のメッセージは書き加えています。

学ばなくてもわかる色の意味

セルフカラーセラピーでは、学ばなくてもわかる色の意味を使います。色の意味には、色が持つイメージから大きく分けて次の３つがあります。

１つ目は、根源的な連想（すべての人に共通するイメージ、学ぶ必要がないもの）。

２つ目は、文化的色彩象徴（学ぶ必要があるもの）。

３つ目は、個人的体験（その人だけが理解できるもの）。

根源的な連想は、黒↓暗闇↓恐怖、青＝海や空など、すべての人に共通するイメージで、学ばなくてもわかるものです。

それに対して、文化的色彩象徴は、黄↓ソーラプレクサスチャクラ（太陽神経叢）、四元素の空気（風）、黄色＝左脳など、学ばないとわからないものです。

そして個人的体験は、黄色↓サッカー（好きなサッカーチームのユニフォームカラー）とは、自分の好きなサッカーチームのユニフォームカラーが黄色だったので、黄色＝サッカーとなるのは、これは個人的な体験です。

このように、色の意味は、根源的な連想、文化的色彩象徴、個人的体験の３つに分けられるといわれています。セルフカラーセラピーで用いるのは、根源的な連想（すべての人に共通するイメージ、学ばなくてもわかる色の意味）と個人的体験（その人だけが理解できるもの）を用います。つまり、文化的色彩象徴（学ぶ必要があるもの）は、使いません。

ただし、カラーセラピストさんはこの限りではありません。

「心の色はどんな色？」ワーク

お手元に12色以上の色鉛筆などの絵具と画用紙をご用意ください。心を落ち着けて、その12色以上の絵具のそれぞれの色をみて、今の自分の心の色はこんな色だ、と思う色鉛筆をまず1本選びましょう。選んだら、画用紙に心の塗ってみましょう。無理に絵を描いたりする必要はありません。自分の心の色を画用紙に塗ってみましょう。

このワークは何色でも色を選んでいただいても構いません。もし、1色だけでいいと思われたら、1色で構いません。ほかにも色を選ぶ場合は、1色選んだあと、続けて1色、残りの色鉛筆の中から色を選びましょう。

色の塗り方は、1本目で色を選び、画用紙に色を塗り、2本目を選び、色を塗り、3本目以降も色を選びたければ、同様に、自分の心の色と思う色を1色選び、画用紙に色を塗る、を繰り返してください。

このとき、選んだ順に色を塗ってください。このワークでは色を選んだ順番を覚えておいてください。1色目は何色、2色目は何色、というように、ワークを行いながら、選んだ順番のメモを取るようにしてください。心の色の変化がわかります。

そしてでき上がった作品を眺めて見てください。あなたの心の色はどんな色ですか？

色が重なりあって、どんな色になっていますか？　色を重ねていないかもしれませんし、重なっているかもしれません、グラデーションになっているかもしれません。自分の心の動きを、色を使って見ることができるワークです。

課題や悩みがあるときにも

課題や悩みがあるときにも、セルフカラーセラピーを行ってください。そのようなときは、色を選ぶ前に、あなたの持つ課題や悩みをイメージしてください。

私たちの心は、意識している部分はほんのわずかで、潜在意識に覆われていました。あなたが選ぶ色が、潜在意識に直接アプローチできるものだとしたら、その色から、あなたの本当の心の声を聴くことができると思いませんか？

課題や悩みがあるときも、そうでないときも、どんなときもセルフカラーセラピーをすることで、私たちは色と仲良くなることができます。色は正直です。言葉で言わなくても色が語ってくれます。

「カラーセラピーセッションで、課題や悩みを解決できるの？」とおっしゃる方がいらっしゃいます。課題や悩みがあるとき、カラーセラピーをすることで、色を通して、自分の心の声を聴き、自分の本当の気持ちを知ること、心と身体の状態を含めて、客観的に自分のことを知ることができると言うことです。その結果、これからどうしたらいいのか、そのヒントが見えてきませんか？

カラーセラピーは、このようにして、色を通して、自分の心と身体の状態を知ること、本当の自分の心の声を聴くことで、自分で自分を癒すことができる、自分で自分の心を整えることができる、メンタルケアが自分でできるようになります。

何もないときにも

そして、何もないときにも、セルフカラーセラピーを行ってください。カラーセラピーは、課題や悩みがあるときに限って行うものではありません。もちろんそのようなときにも行いますが、何もないときも行ったほうがむしろよいのです。

毎日続けることで、色と仲良くなれます。色から伝わってくるもの、感じるものに敏感になります。たとえば、毎日セルフカラーセラピーを行っている人は、自分をコントロールするのが上手です。

私は、初めてカラーセラピーを学んだのが今から15年以上前ですが、カラーセラピーを学びはじめてから、自分で自分のメンタルケアをしています。色を学んでからのほうが、生きやすくなりました。

それに、色は正直です。心に雲がかかったとき、モヤっとするときの対処法として、そのモヤモヤをイメージして色を選び、その選んだ色を使って気の済むまで画用紙に色を塗ることも効果的です。

上手に絵を描くとか、塗り絵をするといったものではなく、ひたすらその色を塗るのです。そうするとスッキリする、これも色を使ったメンタルケアです。

色を塗ること自体がアートセラピーであり、カラーセラピーでもあります。

自分の気持ちがよくわからないときにも

繰り返しますが、どんなときでもカラーセラピーを受けていただいてよいのです。だからセルフカラーセラピーはできたら毎日やってほしいのです。カラーセラピーは、毎日やることで、モヤっとすることが少なくなります。

カラーセラピーを受けることで、心の中の雲が晴れ、クリアな状態になるイメージです。毎日やることで、心の中が、クリアな状態を長く保てるようになります。カラーセラピーは心のお掃除です。

色で自分の心を映し出すことで、自分の気持ちを知ることができます。自分の本当の気持ちがわかると、迷いがなくなります。色がそっと背中を押してくれるのです。

私のところにカラーセラピーセッションに来られるクライアントさんも、「自分の気持ちがよくわからない」と口にされることがよくあります。そのようなときも、もちろん、セルフカラーセラピーは、おすすめです。

しかし、それでも、自分で自分の気持ちがセルフカラーセラピーでわかったとしても、誰かに話を聴いてほしいときがあります。そんなときは、経験豊かなカラーセラピストの元で、カラーセラピーセッションを受けてください。

普段から色に敏感

色を取り入れて、色の力を活かしながら生活すると、私たちは、心豊かに、健やかな日常を過ごせるでしょう。色に敏感になるには、普段から色を取り入れる生活をしていくことが大切です。

これは気を付けて意識していかないと身につくものではありません。その手段として、セルフカラーセラピーで色日記をつけることは、とても簡単にできて、一番取り入れやすい方法です。

パーソナルカラーばかりを気にするということは、人からの見た目に振り回されすぎているとも言えます。パーソナルカラーを知りながらも、それでも自分で自由に色を選ぶことは続けてください。

色の力で、自分の取り巻く世界が変わります。おおげさに感じるかもしれませんが、色の力を活かすことで、自分が心地よく、ご機嫌に過ごすことができます。心の安定は、身体の状態にもよい影響を及ぼします。

セルフカラーセラピーを行うことが、メンタルケアにつながりますし、自分の直感でこの色は綺麗だなと思ったものを身に着けたりもそうですが、目の届くところに置くことで、ご機嫌になったり、やる気がでたり、笑顔が増えたり、心が休まったりと、さまざまなよい効果が生まれます。自分で色を選び、取り入れていくということを、難なくできるように、日々、セルフカラーセラピーをやっていきましょう。

心のトレーニング

自分で、気になる色を選ぶセルフカラーセラピーは、心のトレーニングでもあります。心は放っておけば、モヤがかかったかのように、曇っていくもの。心も手入れが必要なのです。その手入れ方法の１つとして、セルフカラーセラピーがあると思ってください。

心のお手入れも、身体を整えるのと同じです。身体は、毎日適度な運動をするとよいといわれています。ジムに通っている人も、ジムに行かない日は走ったり、ウォーキングしたり、お金をかけてジムに行かないにしろ、毎日歩く、走る、家で筋トレをする、何か日々、身体を動かすことを実践している健康志向の人は案外多いのではないでしょうか。

心も同じです。心が苦しくなったとき、セラピスト、カウンセラー、占いなどに頼るのは、もちろん悪いことではありません。苦しくなったとき、自分の話を聴いてくれるカラーセラピストが身近にいるのといないのとでは、違います。

ただ、苦しいときにすぐにそのカラーセラピストのセッションを受けられるとは限りません。そうなると、誰かに頼る回数を少しずつ減らして、自分で自分を整えられるほうがよいと思いませんか?

身体も運動不足だと、何かしら不調が出ます。そうならないように、私たちは、健康のため、美容のために運動を取り入れようとします。心も同じことが言えます。心も放っておくとすぐモヤがかかってしまいます。常に手をかけなければなりません。セルフカラーセラピーで、常にメンテナンスをして、心をクリアにしてあげてください。

「あなたの気になることはどんな色?」ワーク

あなたの今気になることに対して色を当ててみます。色を通して見ることで、気づくこと、感じることがたくさんあるはずです。色はおしゃべりです。

まずは、画用紙、もしくはＡ４サイズ位の白い紙と、12色以上の色鉛筆などの絵具をご用意ください。

画用紙が大きすぎたら、カットして使ってください。

最初に、黒で枠を書いておきましょう。枠を書くと書きやすいので、最初から書いておきましょう。

枠は大きくても小さくても、どんな形でも感じるままに描いてください。この枠が心の窓枠と思ってください。

そこまでできたら、今のあなたにとって気になる出来事をイメージしてください。何でも構いません、「今晩の夕食のおかず」など、他愛のないものでかまいません。あくまでもここでは、自分１人で行うワークなので、あまり深刻なものでないほうがよいでしょう。

気になる出来事をイメージして、頭に浮かぶ単語をすべて、画用紙に書き出してみましょう。単語を書き終えたら、１つずつ、見ていきましょう。

その単語に色をつけるとしたら、何色になりますか？　絵具の中から該当する色を選び、その単語をその色で塗りつぶしましょう。同じ色が何度出てきても構いません。

全部の単語に色が当てはめられましたか？　塗った色を見てみましょう。どんな色合いで、どんな色が多いでしょうか？　たとえば、暗い色合い、明るい色合い、重い色合い、かわいい色合いなど見てみましょう。そして、あなたが塗った色の中で、同じ色はありますか？　もし、同じ色があれば、その色に該当する言葉にも共通点がないでしょうか？

あなたが、色を塗っていて、気持ちいいと感じるものと、あまり気持ちよくないと感じるものがありましたか？　カラーセラピーは自分と向き合う時間です。色を塗っているときの自分の些細な心の機微も感じてみてください。

たとえば、色を塗っていて、気持ちよいと感じるものと、そうでないものとある場合、そこにもメッセージが隠れていると言えます。このワークは、あなたの気になることに対して、セルフカラーセラピーをしているので、ここで大切なことは、あなたの気になることと。つまり問いが明確であることです。漠然としている場合は、色のメッセージも漠然とするでしょう。このワークは、気になることがはっきりしているときがいいです。

全体を見て、どんな感じがしますか？　これはすべてあなたの今気になっていることに対する色です。

色から感じることはどんなことですか？　何か色からのメッセージが伝わってきませんか？　感じることを画用紙の裏にでも書き留めておきましょう。記録としてとっておきましょう。常にメンテナンスが必要である心、そのメンテナンスは、まず今の心の状態を自分が知ることです。

第3章

色と心はつながっている

心はお手入れしないとすぐ曇る

直感で、気になる色を選ぶと、今のあなたの心と身体の状態や願望が表れるということは、お伝えしました。言葉で話すより、選んだ色からの情報量は多く、色はおしゃべりで、正直です。

直感で選んだ色は心を投影するので、私たちは心の中を目で見て確認したりはできませんが、色を使って、心の中の状態、つまり、自分の本当の気持ちを知ることができるのです。

たとえば、心が曇ると、私たちは立ち止まり、自分を見失います。どちらの方向に向かえばいいのかわからなくなります。

心はお手入れをしないとすぐに曇ります。そうならないために、色と仲良くなりましょう。その方法がセルフカラーセラピーであり、色を日常の生活の中に取り込むことです。

色はノンバーバルで安心安全なもの

色はノンバーバルなもの、つまり言葉を用いることなくできるコミュニケーションです。言葉だけがコミュニケーションではなく、色からたくさんの情報を得ることができるのです。私たちが着る服の色も、ノンバーバルコミュニケーションです。

そのほか、ノンバーバルコミュニケーションとして、政治家が身に着ける衣服やネクタイの色からその政治家の言わんとすることが伝わります。

また、本の表紙カバーの色やコーポレートカラーなどから、色を通して、意図するものを感じ取ることができます。

また、ドラマや映画、そして小説の中の人物の名前に色が使われている場合や小説やドラマ、映画のタイトルに色が使われている場合、ドラマや映画では脚本家や監督、小説では作家の真意を確かめたわけではないのでわかりませんが、おそらく、意図することを色で、観る人、読む人に訴えかけているのではないか、とも推測できます。色を知ることで、いろんな発見があるということです。

私の教室に、思春期の子供とのやり取りに色を使ってコミュニケーションしたいと来られる方やまだ言葉でうまくしゃべることができないお子さんとのコミュニケーションで色を学びたいと来られる方が多くいらっしゃいます。そのほか、塾や学校、放課後デイサービスで働く方も多いです。

確かに、色は心の薬、副作用もなく、禁忌もありません。安心安全なものなので、色を取り入れることはとてもよいことだと思えます。ノンバーバルで安心安全な色を取り入れて、心豊かな生活を目指していきましょう。

選ぶ色によい悪いはない

私が色を仕事にしていると、はじめてカラーセラピーに触れる方で、黒は選んではいけないもの、悪い色のように思われる方に出会うことがあります。黒が闇を連想するからでしょう、何だか不吉に感じられているからかもしれません。

色にいい悪いはありません。黒を選んだからと言って悪いなんてことは決してありません。「黒はかっこいい色」とお子さんがおっしゃったことがあります。日本でも黒はよく使いますよね。「黒が甘い感じがする」といった方もいらっしゃいました。お正月の黒豆、黒蜜を連想したようです。どの色にもポジティブな色の意味も、ネガティブな色の意味も存在します。

私は、自分でセルフカラーセラピーをする際、月曜日は黒を選ぶ、大事な仕事の前の日の夜に黒を選ぶことが多いです。これは月曜日が憂鬱というよりは、私の場合、1週間頑張ろうといった気持ちの表れです。大事な仕事の前もそうです、しっかりやろう、と自分を鼓舞するような気持ちの表れです。

人によっては、憂鬱だから黒という人もいるでしょうし、もちろん私も、月曜日が憂鬱だと思って黒を選ぶこともあります。また、明日は新しい仕事だから失敗しないように気を付けなくてはと、不安な気持ちから黒を選ぶときだってあります。今の心の状態を色が教えてくれているのです。

要は、黒を選んでも、赤を選んでも、どんな色を選んでも、あなたが選ぶ色が正解ということです。

特別な道具も必要ない

私は色の仕事をしてきて、自分で色を味方にして生活したら、もっと心豊かに生活していけるのに、それを知らないのは勿体ないと思い続けてきました。カラーセラピーを学ぶと、自分でもセルフリーディングができるようになります。

では、カラーセラピーを学ばないと自分でセルフカラーセラピーをしてはいけないのでしょうか？　または、行ってはいけないのでしょうか？　行っていけないとしたら、それはどうしてでしょう？　人にカラーセラピーをする場合、もちろんしっかりとカラーセラピーについて学ぶ必要があります。でも、自分が自分のためにするセルフカラーセラピーなら私はできると考えています。

古代の日本では赤色は魔除けに使われていました。また赤色は、血や火を連想することから、赤には強いパワーがあると考えられていました。

神社の鳥居が朱色なのは、朱色や赤色には、邪悪なものを跳ねのける強いパワーがあると考えられていたからです。白い鳥居もありますが、白も邪悪なものを跳ねのけるといった意味があります。

古代の人は、赤色を顔に塗るなどして、邪悪なものが入ってこないように赤色の絵具を顔に塗っていました。そのような歴史を見ても、私たちは、古代から色の力を信じてきたのです。

自分で自分のためにカラーセラピーをするには、特別な道具など必要ありません。本来、カラーセラピストは、ご自身のもつシステムのツールがなければセッションできないわけではありません。きちんとセラピストとしての知識があれば、たとえ色紙でも色鉛筆でも、色が揃っていればできるはずです。

ここでは、セルフカラーセラピーのやり方として、画用紙と12色以上の絵具を用意してくださいとしました。もちろん、高価な道具なんて、必要ありません。

簡単でなければ

セルフカラーセラピーを習慣化するためには、簡単でなければなりません。色鉛筆をツールにするとよいです。12色以上の色鉛筆などの絵具です。欲を言えば、発色がよいものを使ってほしいです。

塗りにくい、塗っていて綺麗じゃないなど、安すぎる色鉛筆にありがちですが、塗るのが負担になります。発色のよさだけは、こだわってみてください。

あとはスケジュール帳です。スケジュール帳にその日選んだ色2色を塗りましょう。そうしていくと、心の天気が手帳を見てわかります。12色以上の絵具と手帳さえあれば、セルフカラーセラピーができます。これなら簡単にできると思いませんか？

セルフカラーセラピーは継続が大切になってきます。身体もちょっと運動して、またしなくなると体調に不調が表れて、体質改善とまではいきません。心も同じです。継続することで、自分で整えられるようになっていきます。

そのように言っても、用事が入ってできない日がある、忘れる日だってあります。大丈夫です、そんな日は、その日はお休みして、また次の日続けてください。

色を活かせる場は多岐に渡る

セルフカラーセラピーを続けていくと、色と仲良くなっていきます。そうすると、色に敏感になります。色の力を自分の生活の中に取り入れていけるようになるのです。

たとえば、今日は赤が気になったとしましょう、そうすると、自分が思う赤色のネイルをしてみるのもいいでしょう。また、最近ピンクが気になるなら、自分の好きなピンクの花をお部屋に飾るなどもいいです。

またエステなどの癒しの仕事をされている場合、ご自身のエステサロンは癒しのグリーンを多く入れてみるなど、とてもよいと思います。

小説の表紙の色、小説や映画の登場人物に色が出てきたりすると、作者の意図することがこんなことではないかなと推測することができたり、政治家のネクタイや服の色からその政治家の主張が伝わってきたり、コーポレートカラーには、その会社の理念が表れていたり、プロスポーツ選手のユニフォームの色も然りです。

私は、ホームページの色をピンクとブルーをメインにしています。ピンクとブルーにはそれぞれ沢山の意味がありますが、私は、愛というよりも、この2色を癒しの色として、使いました。そしてロゴには蝶をつけています。変容を意味する7色の蝶をロゴにしました。このロゴは、変容する7色の蝶を色彩そのものに見立てて、つくりました。

色は、言葉で話さなくても、人に伝える力があります。色と仲良くなることで、さまざまな場で色を活用できるようになります。

「私たちが普段見ている色彩は、目で見えているだけでなく、皮膚でも見ている。皮膚には光センサーがある。よく芸術の世界で「肌で感じる」という表現をするが、つまり、目とか心とかで判断する前に、皮膚が識別する。色彩に好き嫌いを感じているのは、肌そのものも感じているのである。」（野村順一、色の秘密　色彩学入門、文春文庫　2015年11月10日）

色を見ることで癒しを感じませんか

カラフルな色を見ると、綺麗だなと思いませんか？　お花屋さんには、色とりどりの花が並んでいますが、カラフルな色を見ると、私たちは、綺麗なその色に自然と目が行きます。そんなとき私たちは、その色から癒しを得ます。でも、その花たちが黒やグレーばかりだったとしたら、そうは思いません。

しかし、時に黒やグレーや白などの無彩色が私たちの心に寄り添ってくれることがあります。そんなとき、私たちの心は、癒されたり、安心したり、次第に落ち着きをとりもどしたりと、白、黒、グレーにもそんな色の力があります。

たとえば、漆黒の美しさにうっとりし、すべてを覆い隠してくれる黒を綺麗だと思うこともあります。色と香りは密接で、書道の癒しは、墨の香りでもありますが、黒を見ると、墨の香りを連想して、癒されることもあります。

白の何色にも染まっていない潔さを癒しと感じ、白と黒が交わってできるグレーの曖昧さに癒しを感じることもあります。このように無彩色からも癒しを感じることがあります。

色の世界を取り入れると世界は変わる

色を取り入れて、色に敏感になると、あらゆる色に目が行くようになります。

そして、色を見て、感じること、つまり、直感もよく働くようになります。色にはリラックス効果がありますので、自分でリラックス効果を上手に取り入れられるようになります。

また、自分の心の変化に敏感になります。心の色はお天気と同じ、セルフカラーセラピーであなたが直感で選ぶ色は、あなたの心のお天気を知らせる心の天気予報です。今日は、雨が降りそうだなと思ったら傘をもって家を出るでしょう、そんな風に事前に対処ができるようになるのです。

備えあれば憂いなし、色を取り入れて、豊かな人生を送りましょう。

そのためにはローマは1日にして成らず、毎日のセルフカラーセラピーが大切になってきます。

自分の気持ちに気づくためには、直感力が必要です。

しかし、残念ながら、現代の私たちは、考えてから行動に移すことが多いため、直感を使う場面は少なくなっていると言えます。直感力を鍛えるためにも、カラーセラピーはとても有効です。

第4章

もっと色の世界を
取り入れよう

誰でも取り入れられるもの

私は色を仕事にして15年目になります。15年の間、仕事をする傍ら、15種類以上のカラーセラピーを学び、パーソナルカラーや色彩学も学んできました。その中で、カラーセラピーを学ぶ人は多いのに、長く続けている人が少ない。カラーセラピーの認知度は、沢山学ぶ人がいるのに比べて低いです。

私の教室に通ってくださった方が、今どれくらいカラーを続けてくださっているのかはわかりませんが、やめた方も多いのではと感じています。それは、社会のカラーセラピーの認知度の低さと関係しているのではないかと感じています。

カラーセラピーのよさを伝える、みんなが色の力を取り入れる社会になったら、日本も、世界もきっと変わるに違いないと考えます。しかし、私のところにカラーセラピーセッションに来られた方にセッションをし、カラーセラピストの資格養成講座をやり、資格を取ってくださった方に対して今度は勉強会を行う、これも私の大切な仕事ですが、色を学びたい人にしかできません。

色に興味があっても、すべての人が習うわけではありません。習えるわけではないといったほうがよいかもしれません。私が、元々人のためにできることとして、色を扱おうと力ラーセラピーを始めた想いから、少しずつ逸れてきている気がしてなりませんでした。

私たちは人の役に立つことが、一番の幸せと感じるなら、私が人のためにできることは、自分が学んできた色を、どなたにでも色を活かせるための術を、色について学んでいる人にも、学んでいない人にも、どなたにでもわかるように、できるように、伝えることです。

そもそも色は誰のものでもありません。古代の人々の暮らしの中で、色を取り入れていたように、本来は現代の私たちももっと色を取り入れようとしていいはずです。それが、情報過多の現代では、より一層、思考を使い、その多い情報のために、みんなが迷いがちになっています。

本来、カラーセラピーは誰にでも取り入れられるものです。ボトルなどのツールを用いてのカラーセラピーの歴史はそんなに古くからのものではありませんが、古代から私たちは色を用いて生活をし、色の力を活かしてきました。古代からカラーセラピーは現代にも続いているのです。

古代から続いてきたものは、ほかにもたくさんありますが、古代から私たちが取り入れてきて、時を経て、現代の私たちが取り入れているもの、取り入れようと学んでいるものは、やはり意味があるものに違いないと思うのです。

もっと多くの方に

多くの方に色の力を取り入れることのよさを伝えたくて、本書を書くことを思いつきました。私が色を仕事にして、出会う人は、この先、続けても人数には限りがあります。

1人でやっている小さなお教室です。

でも書籍なら、私のことを知らない誰かも手に取ってくださいます。私の知り合いの1人に、ふとした話から今回の本を出版することになった経緯を話しました。

彼女はカラーセラピーを学んだこともありません。本書が誰にでもできるセルフカラーセラピーの本だと言うと、「誰にでもわかるように書いてあるのだったら読みたい、色は仕事にも活かせるから」と目を輝かせて言いました。彼女はカラーセラピーに対して、今まで興味を見せることはなかったのですが、このときの彼女の言葉は、本心から出た言葉だと感じました。

カラーセラピーという言葉を知っていても、学びに来る人、セッションに来られる人は、ほんとに少ないです。学ぶにはお金と時間が必要です。興味があったとしても実際に行動を起こせる人は、ほんのわずかなのです。

色の力を取り入れることができるのが、色を学んだ人に限定されているのではいけないと、改めて、彼女の言葉からも感じました。

私の実験

私は実験として、お米のワックスが原料というキットパスをカラーセラピーツールとして、自分の教室でお客様にセッションをしました。セッション方法も私が自分で考え、使うのがキットパスです。このキットパスについては、後で詳しくご説明します。

キットパスは、見た目はクレヨンとよく似ています。私が教室で行うセッションでは、このキットパス24色を使用しています。

私のキットパスを使ったセッションの実験は、お客様にキットパス24色の中から色を選んでいただき、それを画用紙などに塗っていただきながらセッションしていくというものです。私が知りたかったのは、さまざまなカラーセラピーツールがありますが、カラーセラピーツールをキットパスにして、自分の選んだ色を塗っていただきながらセッションをしたときと、従来のカラーセラピーツールを使用し、各システムに従ったセッション方法でセッションしたときとの違いをお客様からお聴きしたかったのです。

この私の実験のセッションでは、概ねこのようなご感想をいただきました。

「自分で選んだ色を手に取り実際に塗ることができるし、キットパスの色で癒され、その色を塗ることでさらに気持ちがスッキリする」
「自分で選んだということが、色を選び、色を塗ることで、一層感じられる」
「カラーセラピーセッションでもスッキリするし、自分が選んだ色を塗ることでも癒されるので、2倍癒される」
「いつまでも自分が選んだ色を塗っていたいくらい、塗っていて気持ちがいい」
「自分の選んだ色を塗ることで、話すより、いろんなことを感じられるし、考えられる、自分と向き合える時間のような感じがする」

カラーセラピーのツールは高価なものでなくても、色がたとえば12色でもできるし、三原色の赤青黄だけでもできるし、拘る必要はないということを知ってはいたけれども、実際にキットパスを使ってセッションさせていただき、前記のようなお客様からのご感想をいただいて、今まで感じていたことが、確信へと変わりました。

私はこのときの経験から、セルフカラーセラピーのツールとして、キットパスをおすすめしたいと思っています。ただし、色鉛筆やその他の絵具でもできるということは付け加えておきます。

そして、それはまた言い換えると、高価なツールでなくても、色さえあればよいということです。発色がよいもので、色が揃っていれば何でもよいのです。

なぜ、「自分でできる」ことに拘るのか

カラーセラピーは、色を自分で選ぶことをします。必ず「自分で選ぶ」という作業をします。自分で選ぶことは、自己決定力につながります。これは生きていくうえで常に必要とされる力のこと。

カラーセラピーは、直感で色を選び、その選んだ色から感じることと、自分の考えや思いとすり合わせて、自分の中にある答えに気づいていくもの。常に自分が考えます。

カラーセラピストの下で、カラーセラピーセッションを受ける場合も、自分で考えるのに変わりはありません。カラーセラピストが指示をするものではなく、カラーセラピストは色の解説を、あなたと一緒に伴走する伴走者のような存在です。

人生は自分で決め、選択していくことの連続、自己決定力を高めて行かなければなりません。私たちが時に悩み、立ち止まったときも、自分で考え、自分で選択して、また前に進んでいかなければなりません。

セルフカラーセラピーも直感で自分が色を選び、その選んだ色から何を感じるかで、自分の気持ちとすり合わせ、自分と向き合いながら考えていくので、自然と自己決定力を高めることにも繋がってきます。

そして、現代の私たちは思考を使うことが圧倒的に多いのですが、色を直感で選ぶことは、自らの直観力を磨くことにも繋がります。そういうことからも、「自分でできる」セルフカラーセラピーは実によいものです。

私たちカラーセラピストは、エステサロンに行くように、カラーセラピーセッションを心のメンテナンスのために受けに来てくださいと言っています。本当にそれは理想です。

しかしながら、実際にカラーセラピーセッションに定期的に通っているという人がどれくらいいるのでしょう。エステに行く人は知っているけれど、カラーセラピーセッションに通っている人は、言わないだけかもしれませんが、そう多くないのではないでしょうか？

その理由はさまざまであると思いますが、カラーセラピーがそこまで認知されず、どんなものか正直わからない、といったことが挙げられると思います。

また、現代は、占いやそのほか、カウンセリングなどもあり、選ぶものがたくさんあるのも理由の1つと考えられます。

カラーセラピーセッションを定期的に受けに行くというのは理想的です。しかし、なかなか定期的に行けない人が多いでしょう。それならば、自分の家で、自分でできることなら、できるのではないでしょうか？

「自分でできる」ものでなければ、いつまで経っても、立ち止まったときに、セラピストやその他カウンセリング、占いなどに頼らなければいけません。そのような方が、あなたのすぐそばに常にいてくれたら問題ないでしょう。

でも、そんな訳にはいきません。それに、人生は自分で決める選択の連続としたら、「自分でできる」こと、いや、「自分でできる力」は、なくてはならないものだと思うのです。

たとえカラーセラピストでないとしても

たとえカラーセラピストでないとしても、自分でセルフカラーセラピーをすることで、自分を癒したり、整えたりすることはできます。

その方法は、カラーセラピスト養成講座を受けてないとわからないと思われるかもしれませんが、人にやるわけではありません。あくまでも自分のために、自分の心と向き合うために行うので、カラーセラピストでなくてもできます。

日記を書くように色日記をつけてください。簡単にできますので、おすすめします。

カラーセラピストになるための勉強は、しっかりとお金と時間をかけて、じっくりと学ぶ必要があるものですが、自分で色を用いて、自分を整えるセルフカラーセラピーは、古代の人が色の力を信じ、色を上手に生活に取り入れていたのと共通すること、現代の人たちも、１人でも多くの方にセルフカラーセラピーをやっていただきたいです。

私たちは、毎日の生活の中で、これもカラーセラピーだなと思うような場面がたくさんあります。晴れ渡った青空を眺めていると、心も晴れ渡るようなスッキリとした気持ちになる、夏の日差しのようなひまわりの黄色に元気をもらう、これもカラーセラピーです。

私たちは身近な色から癒しを得る機会がたくさんあるということです。

たとえば、次のようなことも、色の力を取り入れていると言えます。今日は仕事で疲れたなと思う日、ワイン好きの人なら、家に帰ってきてゆっくり赤ワインを飲みたいとそう思うかもしれません。ワインは赤と白がありますが、こんな日に選ぶのは、やはり赤ワインという人が多いのではないでしょうか?

また、身体が疲れているときに赤身の肉を食べて力をつけようと思うときがあります。赤色は、疲れたなと思うときにも選ばれるでしょう。

もっと細かく言えば、疲れているけれど、あともうひと踏ん張りしたいために、赤色を選びます。

したがって、このようなとき、赤身のステーキを食べたいと思うのは、納得できるわけです。これは誰かに教えてもらったわけではありません。ある意味私たちは、誰もがカラーセラピストなのかもしれません。色の力を生活に取り入れて暮らすことは、何も特別なことではないのです。

自分の心に寄り添う色

私がおすすめのセルフカラーセラピーのやり方は、自分で12色以上の絵具から直感で気になる色を2色選んでいただきます。その選んだ色は、あなたの心を表している、すなわちあなたの心に寄り添う色です。つまり、セルフカラーセラピーで、自己理解を深めることができます。

セルフカラーセラピーで自分が直感で選んだ色は、心に寄り添う色です。自分の本当の心の声を意識して過ごすために、この心に寄り添う2色を積極的に自分の生活の中に取り入れることは、とてもよいことです。

また、カラーセラピストのところに、カラーセッションへ行くと、2色以上選ぶことが多いでしょう。セラピーの方法もカラーシステムごとに違います。カラーセラピストはあなたの選んだ色について、解説し、お話を傾聴させていただいたうえで、ヒーリングカラー、呼び方はさまざまですが、あなたの背中をそっと押してくれる色の提案をします。

これは各カラーセラピーシステムによりますが、ヒーリングカラーは、あなたが話したことを踏まえて選ぶものと、システムによってはセラピストがあなたの話してくれた話の内容から選ぶものもあり、やり方はそれぞれです。ヒーリングカラーと本書の中では呼ばせていただきます。

セルフカラーセラピーでは、自分で、自分にカラーセラピーをするものなので、ヒーリングカラーまでは、出せません。基本カラーセラピストが行うカラーセラピーセッションで、セラピストがクライアントの言葉を傾聴しながら、セッションをし、ヒーリングカラーまでたどり着きます。

ただし、自分がカラーセラピストである場合は、カラーセラピストは、自分でセルフリーディングができますので、ヒーリングカラーまで出すことはできるでしょう。

セルフカラーセラピーでは、あなたが選んだ色はあなたの心の色です。自分の心に寄り添う色は、自分を支えてくれる色ですから、積極的に取り入れていただけたらと思います。

色は誰でも取り入れられるもの

世界は色に溢れています。色の力を自分のメンタルヘルスや生活の中に取り入れるのに、特別なことは何もいらないのです。

色を取り入れて、自分をご機嫌にできるなら、サステナブルです。自分のメンテナンスのたびに、頻繁に占いやカウンセリング、カラーセラピーセッションに行く回数も減らせるでしょう。

私はカラーセラピーセッションをするのが仕事でもあるので、こんな話をすると、仕事をする気がないのかとお叱りの声が聴こえてきそうですが、自分で自分を整えることができるなら、こんなに幸せなことはないはずです。実際、カラーセラピストもセッションしながら、クライアントさんが自分で自分を癒せるようになってくれることを願っています。

今まで、色を意識して生活していなかった人は、今からでも実践してみてください。きっとあなたを取り巻く景色が違って見えるはずです。

カラーセラピーとは意味があるもの

「日本のカラーセラピーの歴史は浅いから」とおっしゃる方を今まで沢山見てきました。ボトルを用いたカラーセラピーが日本に伝わってからの歴史は、そんなに経ってないかもしれません。

しかし、私たち人間は、古代から色を取り入れて生活してきました。古代の人々は色を意識して、色の力を取り入れようとしてきました。カラーセラピーという言葉がなかっただけで、実際、カラーセラピーは、古代の人々から現代へと続いているのです。

古代の人々が色の力を信じ、生活に取り入れていたのと同じように、現代の私たちも色への興味が尽きません。色はあらゆるところで活用され、色について学ぶ人は多く、カラーセラピストもたくさん生まれています。

はるか昔から現代まで続いているものに、悪いものがあるでしょうか？　根拠のないものなら、時を隔ててまで、続く訳がないと思いませんか？　古から今に続いているものは、やはり意味があるものなのです。

日本発祥のカラーセラピー

１９７０年代以降、カラーセラピーは体系化され、現代へと続き、日本でも新しいカラーセラピーシステムは、生まれ続け、日本発祥のカラーセラピーはたくさん生まれています。

私たちは、ストレス社会の中で、自然と私たちは癒しを求め続けている結果、カラーセラピーもまたブームの中にあるのかもしれません。

日本発祥のカラーセラピーをまだ受けたことがない人は、ぜひ、受けてほしいです。とてもよいものがたくさんあります。

日本人には日本発祥のカラーセラピーがよいのではないかと、これは私の考えですが、その理由の1つが、日本人が考えていますので、私たちには、わかりやすいということです。

続々と、日本発祥のカラーセラピーが生まれているということは、それだけ、日本はストレスを抱えている人が多いということです。

第5章

カラーセラピーのすすめ

カラーセラピーのよいところ

現代はストレス社会です。その中で、体の不調ではなく、心の病気を患う人が多くなったといわれています。我慢が美徳とされていた日本の文化も心の病気を患う人を増やしてしまったのかもしれません。体は病気でなくても、心が苦しいときは、どうしたらよいのでしょうか。

身体の具合が悪いと、病院へ行くでしょうが、なんかおかしいなと思っても、病気というわけではない場合、あなたならどうしますか？　大抵の人は我慢するのではないでしょうか？　そんなとき、自分で自分をセルフケアができるようになると、早めに対処することができます。

カラーセラピーのよいところは、セルフケアに使えることです。このストレス社会の中で生きていくためには、「自分の心の声を聴くこと」、そして「自分で自分のことをケアできること」が大切になります。色は、副作用のない心の薬です。誰にでも簡単に色を使ってセルフケアができます。

セルフケアの方法は、たくさんあります。色じゃないとだめです、と言っているわけではありません。自分なりの心と体のケア方法を1つでも持っていると、とても心強いです。

色でのセルフケアのいいところは、自分で簡単にできることです。そのコツが繰り返しますが、普段から色を五感で感じるトレーニングをするとよいです。

色は五感で感じるものです。「この柔らかい感触は、黄色っぽい」「このスーッとする味は色で言うと青」「あの人の声は女性らしいからピンクのイメージ」など、五感を最大限に活用してください。そうすることで、色の力を取り入れ上手になります。

セルフカラーセラピーのやり方では、2色選んでいただくようにしています。たとえば、レッドとブルーを選んだとします。レッドとブルーを見て、どう感じるか。たとえば、レッドから最近忙しすぎて、疲れている、もう少しだけ頑張る力が欲しい、ブルーからゆっくり休みたい、と感じたとします。そうすると、ちょっと立ち止まって、ゆっくり休もうと思いますよね。

今の心と体の状態がわかるのがカラーセラピーです。ここで、レッドとブルーを意識しながら生活することで、今忙しすぎるから休もうと事あるごとに思うと思います。それが、色が背中をそっと押してくれるということです。

未病とは、発病に至ってはいないが、病気になる前の状態、検査しても何の異常も見当たらないが、調子が悪い状態のことを言うそうです。年齢を重ねてくると、この未病の状態が続いているという方が多くいらっしゃるのではないでしょうか？

未病の場合、サプリを飲むとか漢方を飲むといったことをしがちです。でも、病院の先生からは、まず運動をすすめられることが多いでしょうか？　サプリや漢方は継続して服用していかなければなりません。効き目も緩やかです。

ただ、サプリや漢方を継続し続けることで、肝臓を悪くしてしまう場合があります。それなら、副作用のない運動を取り入れたいと思うのではないでしょうか？

運動は、自分の力で改善するということです。一生涯、サプリや漢方などに頼りたくないと思いませんか？　心もそうです。もちろん、心の病となれば、しかるべき治療を医師の元でしなければなりません。カラーセラピーではどうにもなりません。カラーセラピーは治療行為ではないからです。

カラーセラピストも医療の知識があるわけではありません。そのあたりは明確に、病に陥ってしまった場合は、カラーセラピーは受けない、しない。そして、医師からの治療を受けなければならないということは、はっきりとお伝えしておきます。そこは間違えないでください。

心身ともに健康な人が、ときに未病の状態、すなわち、ちょっとした不調を誰しもが感じることがあるので、そうなってしまう前に、日頃から運動やセルフカラーセラピーを取り入れることによって、自分で自分自身の心身を整えることができるようになることが理想です。

毎日カラーセラピーをしたほうがよいのは

カラーセラピーを教えているときや、カラーセッションをしているとき、私が、「カラーセラピーは毎日でも行ってよいですよ」と生徒さんに言うと、不思議な顔をされます。そして、「毎日やったら色の意味を覚えてしまいませんか？」「色の意味を覚えていることで、この色を選ぶといったことになりませんか？」といった質問をいただくことがあります。

カラーセラピーを毎日行うことは、毎日心のケアをすることにつながります。心は放っておくとすぐに曇ってしまいます。曇ってしまった鏡は、自分の表情がよくわかりません。毎日カラーセラピーを行うことで、心のモヤっとしたものを取り除いて、鏡をピカピカに磨くことができます。

そして、毎日カラーセラピーを受けることで、色の意味を覚えてしまわないか、また、覚えてしまうと、その意味から色を選んでしまい、純粋に色を選ぶということができないのではないか、といった質問はよくある質問です。

こういった質問が出るのは、色の意味を考えすぎているからです。もうそこですでに思考が働いています。

本来、クライアントさんには、感じたことを話してもらい、それを丁寧に拾いあげていくのがセラピストです。昨日選んだ黄色と、今日選んだ黄色で、まったく感じ方が一緒でしょうか?

人の心がコピーしたように一緒ということはないでしょう。少しずつ感じ方に違いがあるはずです。心はお天気と一緒と言いました。風が強い日もあれば、寒い、熱い、日差しが強いなど。色の意味も何通りもあるのです。

もし、あなたが、カラーセラピーセッションを受けにカラーセラピストの元へ行ったとして、カラーセラピストが、あなたに自分が選んだ色について、どう感じるか、聴くよりも色の意味を連ねてきたとしたら、それは残念ながら違うカラーセラピストの元へ行ったほうがよいでしょう。「色は感じるもの」としたら、答えはあなたの中にしかありません。

毎日カラーセラピーセッションを受けられたら、それが一番よいことです。人は自分の想いを話し、聴いてもらうことで、とても大きな癒しをもらいます。

しかし、毎日カラーセラピストの元へ通うことは、現実的には不可能です。セラピストの元へ行くのを年に1度もしくは、半年に1度と決め、毎日は自分でセルフカラーセラピーをするというほうが、よいでしょう。

なおかつ、毎日セルフカラーセラピーをすることで、気づくことがたくさんあります。

心のケアは、体のケアと同じで、1日やったからと言って、結果が出るものではないからです。

毎日セルフカラーセラピーを行うことで、自分の心の機微に敏感になります。そうなることで、自分で心のケアができるようになります。

「あなたの「木」はどんな「木」？ My tree work」

あなたという「木」はどんな「木」？ My tree work をやってみましょう。

用意するものとして、四つ切サイズ以上の画用紙と12色以上の絵具を用意してください。

画用紙に自分の木「My tree」を描いてください。

あなたは「木」です。どんな「木」ですか？ 幹が太いものもあれば、細いものもあるでしょうし、背が高い木もあれば、背の低い木を描く場合もあるでしょう、葉の茂り方も千差万別でしょう。

描き終わったら、自分で描いた「My tree」を観察してください。

まず、あなたの木はどんな印象を受けますか？ 葉っぱが生い茂っていますか？

それとも葉っぱは少ないですか？ 実がなっていますか？

花が咲いていますか？

花が咲いていたら、虫たちも来ていますか？

花の香りはしますか？

または、蕾や新芽が多いですか？

木は、背が高いですか？

低いですか？

葉っぱの形は？　葉や実、花の色や形はどうでしょう？

幹は太いですか？

それとも細いですか？

よく観察してみてください。

木の下はどうでしょう、地面は描かれていますか？

この「My tree」のワークも自分を投影しています。自分のことをわかっているようで、わかっていない、ワークやセルフカラーセラピーによって、自分のことを客観的に見て、初めて気づくことが多いと感じるでしょう。

あなたの「My tree」は、今のあなたを表しています。願望や未来も表れているかもしれません。

あなたの「今」の状態がわかりますか？

自分の望んでいるものや未来も表れていますか？

あなたの「木」を育てていくために必要なものはありますか？

このワークを通して、「これが私である」と認識することで、あるがままの自分を受け止め、自分で自分を受け入れることができます。そうすることで、人は生きやすくなります。

未来や願望が表れなくても悪いわけではありません。未来や願望がないといけないわけではありません。大切なのは、「今」の自分を知ること。「今」の自分を知ることができただけで、このワークは十分です。

カラーセラピーセッション、セルフカラーセラピーも、「My tree work」も自分を振り返るもの、自分を知るものと思っていただくとよいです。このワークは12色以上の色鉛筆などの絵具と画用紙さえあればできます。自由に色を使ってください。

色を塗ることは

私は自分のオリジナルセッションで、キットパスをカラーセラピーツールにして、セッションをするということを書きました。自分で選んだ色を画用紙に塗ってもらうという行為がさらに自分が選んだ色を認識することができ、色を塗ることで、またさらなる癒しを得ることができるからです。

たとえば、モヤモヤするとき、画用紙にモヤモヤをイメージしてもらい、好きなように色を選んで、塗っていただくと、それだけで、言葉にならない感情を吐き出すことに繋がります。それにより、不安や緊張が解放されます。これをカタルシス効果といいます。

モヤモヤするときにおすすめのワーク

4つ切り以上の画用紙をご用意ください。そして、発色のよい色鉛筆やクレヨン、絵具のご用意をお願いします。

まず、モヤモヤする事柄を頭の中にイメージしてください。イメージできましたら、それに合う色を何色でも構いませんので選び、自由に色を塗ってください。何色使ってもよく、塗り方も自由です。ここまでが第一段階です。モヤモヤの気持ちを吐き出しました。

次に、第二段階です。新しい画用紙を用意し、そこに、気持ちが軽くなった後、今度は、心地よくなった、心が軽くなった、心地よい状態をイメージして、色を選びましょう。こちらも何色選んでも構いません。

そして、心地よい気持ちをイメージして、色を塗りましょう。気持ちがゆったりと、リラックスしてきませんでしたか？ 優しい気持ちになりませんでしたか？

このワークで大切なことは、モヤモヤをイメージして、色を塗り、スッキリした後、心地よい気持ちをイメージして、色を塗ることを続けて必ず行うようにしてください。心がスッキリと気持ちよくなったイメージの色を塗って、気持ちよく終わることを忘れないでください。

ワークをつくる上で注意をしていること

今まで仕事でカラーセラピーセッションをし、カラーセラピーを教える仕事をして気づいたことがあります。カラーセラピーに限らずですが、さまざまなワークでも、もしかしたらセッションでもあることかもしれませんが、たとえば、自分の強みや価値を知るとか、夢とか、未来を見据えてみるとか、そういったワークやセッションは、ある種、心の痛みを伴う人がいるということです。

たとえば、「強み」とか「未来」とか「趣味」、「価値観」といった言葉は、時に人を苦しくさせてしまうということ。それゆえに、そう言った言葉を使ったワークは、人を選んで行わなくてはいけないのです。

そのことが、万人は万人で、気持ちよく楽しく色の力を感じてもらえるようなワークを考えようとするきっかけにもなりました。

未来や願望や目標がないといけないわけではありません。強いて言えば、今の幸せな生活を長く続けていくことが幸せ、趣味と言っても今の生活そのものが好きで、丁寧な暮らしをしている、そう思っている人も多いのです。それはむしろとても幸せなことです。

人によっては、夢や趣味や強みや価値観と言われても、なかなか答えられない人がいらっしゃるでしょう。このとき、答えられなかった人は、そんなことを問うと、そういったものがないと悪いのかとすら思うかもしれません。

私はどちらかというと、夢を考えるのも話すのも好きで、趣味と言えばいくらでも話せます。そういった人は、ビジョン型の人です。将来の夢や目標を考えた方が動機づけできる人、それとは逆に価値観型の人は、自分の価値観に沿って、日々充実した生活を送れる人です。どちらがいい悪いはもちろんありません。

現在はドリハラ、夢ハラ、ロジハラなどの言葉が存在しています。さまざまなハラスメントが多すぎて、何を話していいのやらわからなくなったりもします。必要以上にハラスメントについて、気にする必要はありませんが、そういったハラスメントとして受け取れる言葉をあえて使わないように、相手を不快にしないようにカラーセラピーに携わっていかないといけないということは、特に肝に銘じています。

本書の中でも、自分でできるワークをいくつかご紹介しますが、そういった理由で、考えて、つくったものです。単にこれらのワークは、色の力を感じてみるワークとしてつくったつもりです。安心してお使いいただけます。

カラーセラピストもいろいろ

どんな世界もそうですが、カラーセラピストも占い師も、たとえばパーソナルジムのトレーナーでも、ありとあらゆる職業の人の中にも、当たり前のことですが、いろんな人がいらっしゃるでしょう。変な話、我流になっている人もいらっしゃるでしょうし、もしかしたら自分本位に行っている方も、わからないですが、いらっしゃるかもしれません。そのため、しっかりと自分で見極めないといけません。

たとえば、カラーセラピーセッションは、ビジョン型の人は、また受けたいと思うかもしれませんが、セラピストによっては、もしかしたら、クライアントさんが、価値観型の人であった場合には、苦痛を与えてしまう場合もあるかもしれません。もちろん経験豊かなセラピストに限っては、そのようなことはないでしょうが、カラーセラピーセッションは、セラピストを選ぶところから始まっていると思ってもらって、真剣に選ぶとよいでしょう。ちなみに、私がセラピストとしてやっていることは、SNSを通して、自分の日常を発信することです。これは、クライアントさんに私の人となりを知るきっかけとなればという想いから続けています。

カラーセラピーの取り入れ方は

カラーセラピーセッションを受けることだけが、カラーセラピーを取り入れることではありません。カラーセラピーセッションを受けに行かない人のために本書を書こうと思ったといってもよいくらい、万人の人がカラーセラピーの効果を知り、色の力を生活に取り入れていただけることを願って、本を書こうと思いました。

カラーセラピーセッションに自分から行こうと思える人と思えない人がいらっしゃいます。思えない人が悪いわけではありません。仮に、時間とお金に余裕がない、余分なお金は、ほかのものに使ってしまう、といった人は、カラーセラピーセッションをわざわざ受けに行くことはできないでしょう。

繰り返し述べますが、カラーセラピーは1回受けたらもう受けなくてもよいというものではありません。繰り返し受けていただくとよいものであることは確かです。

自分の生活に差し迫ったものが優先になって、それ以外のものは後回しになるのが今の世の中の現状としたら、自分の家で、安価で揃えられる色鉛筆などの絵具をツールとして、セルフカラーセラピーを行うことで、セルフケアとして、カラーセラピーを取り入れていただくことをおすすめしますし、色の力を自分で生活に取り入れることは、誰でもできることです。

「サステナブル」や「エシカル」という言葉をご存じでしょうか？　Sustainableとは、「sustain 持続可能な」と、「able～できる」からなる言葉です。「持続可能な」とか「ずっと続けていける」といった意味があります。

Ethicalは「倫理的な」「道徳上の」の意で、人や社会、地域、地域環境に配慮した良識的な考え方や取り組みを行うことを指しています。

サステナブルやエシカルの取り組みは、世界共通の目標とされています。人の心のケアに自分でできるセルフカラーセラピーは、まさにサステナブルなものであり、エシカルなものでもあると言えます。

色が教えてくれること

色から伝わってくるメッセージは人それぞれ違うかもしれません。本書では、色からどんな言葉が連想できるか、色からの連想について、また色の専門的な知識も書きません。カラーセラピストになろうとしていない人にとって、それらは重要でもなく、おそらく退屈に思えてしまうものだからです。

セルフカラーセラピーをするのに、それらは必要ではないと私は判断しています。色について詳しく知りたい方は、カラーセラピスト養成講座を自分が納得のいく先生の下で受けられるのが一番です。本書では触れません。

本書の立ち位置は、たとえば料理のレシピ本のように、気になるときにすぐに開いて読めて、手軽で、簡単なものとして、身近に置いておいていただけたら嬉しいのです。綺麗に本棚に置いておいてほしい本というよりも、自分でセルフカラーセラピーをする際に、気になったことがあれば手に取ってみてみるといった活用法をしていただけたら、嬉しいです。

セルフカラーセラピーを重苦しく考えず、軽い気持ちで取り組んでください。間違っても人生をかけて取り組むなんてことはしないようにお願いします。

そして、カラーセラピーは、心の病を治すものではありません。病に陥った場合は、病院で然るべき治療を受けないと治りません。

カラーセラピーはあくまでも、健康な人が、日常を健やかに、病にかからないために活用する副作用もなく、安全なサプリと考えておいてください。

心のお掃除「My garden work」

用意するものは、画用紙と12色以上の絵具と鉛筆です。ワークでは、色鉛筆より、キットパスやパステル、絵具などのほうが楽しめますが、色鉛筆しかない人は、色鉛筆でかまいません。

　まず、画用紙に黒で枠を書いてください。大きさは自由です。枠ができましたら、枠の中は、あなたの心の庭です。放っておくとすぐに雑草が生えたり、ゴミがおちたりして、汚くなります。常に毎日掃除をしてあげることで、綺麗に保つことができます。植物を植えていたら、雑草を抜き取り、毎日水をやり、時々肥料をあげ、虫がつかないようにしてあげないといけません。

　心の庭をあなたはどんな色で染めたいですか？　あなたの心の庭に必要だと思う色を選び、その選んだ色をあなたの庭に塗ってみてください。どのように塗るかは自由です。何色使用してもかまいません。この色は必要だと思う色を選んで塗ってください。

　塗り終わったら、自分の心の庭にどんな色があるのかを見てみましょう。あなたの庭にはどんな色が塗られていますか？　何色ありますか？　どの色が一番多いですか？　それは今すでにあなたの心にある色ですか？　それとも欲しい色でしょうか？　その色は、実際に何のことだろうか、思い当たるものはありますか？

　このワークは、あなたの心の中を整理整頓するワークです。あなたにとって、必要なもの、今実際にあるものなどを感じることができるワークになっています。

このワークも、もちろん毎日やっていただいてよいものです。画用紙と色を塗る道具さえあればできるので、やってみてください。月1回、週1回、週末だけ行う習慣をつけるというのもよいかもしれません。

自分らしく生きるために

カラーセラピーで自分の心の声を聴くことは、自分らしく生きることに繋がります。自分のことがわかっていないと自分らしく生きることはできません。そして、誰かに決めてもらうのではなく、自分で決めて進んでいくことが自分らしく生きるということ。

物事はすべてが陰と陽。心のお天気も晴れていて心地よい日もあれば、土砂降りの日だってある。私たちも人間も、ひと言でこんな人と言い表されるわけではなく、いろんな部分があって、とっても多面的です。

カラーセラピーによって、私は今こうだ、と認識していくことは、心の中をお掃除して、綺麗に整理整頓していくことに繋がります。

これはカラーセラピーを繰り返すことで、自分の意識を増やしていくことで、気持ちが整うことと通じるものがあります。

無意識が大きく占める私たちの心をカラーセラピーによって、色によって、この無意識の心理を知ることができるのです。人生は喜びだけでなく、苦しいこと、辛いことがあります。そんなときも、色の力を信じ、セルフカラーセラピーを続けてみてください。

年に数回はカラーセラピーセッションをあなたがしっかりと選んだカラーセラピストのところへ足を運んでみてください。そのたびに、新たな気づきや発見があるでしょう。

色で自分の人生を生きる

自分でセルフセラピーをしていると、気づくことがたくさんあります。そして、それに気づいてほしいので、セルフカラーセラピーをしてもらうのに、スケジュール帳に直感で選んだ色を2色塗るという方法を述べました。今月は何色が多かったのだろうなど、後で見返してほしいのです。そして色を塗っておしまいではなく、ひと言メモでもいいので、何かその日のことを何でもいいので、書き込んでおくと、後で気がつくことが多くなります。

選んだ色2色を塗るのは、小さくて構いません。その日のスケジュールの余白に色を塗るので、選んだ色それぞれ小さな○を書き、その○を塗る感じで大丈夫です。

たとえば今日は、ブルーとターコイズを選びました。そうすると、あなたがお持ちのスケジュール帳の今日の日付の欄の余白には、ブルーとターコイズの小さな○ができるというわけです。これなら簡単に続けることができるでしょう。

心はいろんなことに影響を受けるということが、セルフカラーセラピーを続けていくとわかるでしょう。実際のその日のお天気にも影響を受けます。人との会話や、色を選ぶ直前に起こった出来事などにも、ありとあらゆるものにも影響を受けます。

そして、私たちも色によって、気分が変わったりもします。色と仲良くなると、色で気分が変わるのなら、こんな気分でいたいから、この色を取り込もうなどと、逆の発想をして、自分を整えることもできるようになります。そこまでできると、益々、色で自分の人生を自分らしく生きることができますし、それが楽しくもなってきます。

私が本書でご紹介しているセルフカラーセラピーは、色を選んでいただいて、その色を手帳に塗っていただくという流れです。色を塗っていただくという行為も、このセルフカラーセラピーには外せないと考えています。

本書でご紹介するすべてのワークも、自分の直感で色を選び、色を塗ります。本来、色を塗るという行為は、楽しいものでもあり、塗っているうちに心地よくなりますし、リラックス効果やマインドフルネス効果、さらに自律神経を整える効果があると言われています。

自律神経の乱れは、さまざまな症状を引き起こします。自己のケアの1つとして、続けていただけたらと思います。

第６章

色のメッセージ
「このようなときは、この色」

あなたが、セルフセラピーで選んだ色が「このようなときは、この色」でどんな意味があるのかも併せて参考までに見てみてください。

注意することとして、今からここに書こうとしているものは、単なる一般的な例に過ぎません。これは参考だけにしておいてください。

あなたが、色と日々仲良くなることで、本当は、あなただけの色リストをつくっていってほしいからです。

これは一般的なものの例ですが、もしかしたら、あなたにとっては、違う色を当てはめたほうがよい場合があります。そのため、あくまでも繰り返しますが、参考程度にしておいてください。それは、色のイメージも無数にあるからです。これはそれをほんの一例でお伝えしているに過ぎないことをご了承ください。

「仕事を頑張ろう」「気合を入れよう」と思うときは「レッド」を用いてみましょう

レッドはこれ以上分解することのできない、一次色の色。レッドは、血、火、太陽、花や実などを連想する色であり、生きるために必要な生命の色です。

赤は疲れているときなどに、あともうひと踏ん張りしたいと感じるときにも選ぶことがあります。レッドの力を借りて、もうひと踏ん張りしようとしているのです。

たとえば、ワーカホリックに陥っているときなど、まだまだ自分は頑張れると感じる、そんなときにもレッドを選んだりします。

赤色を見ると何だか元気が湧いてきませんか？「よし、仕事を頑張ろう！」「気合入れるぞ」というときは、赤を選ぶと、ふつふつとエネルギーが湧いてきます。

たとえば、赤い下着を身に着けてみるとか、男性でも洋服や帽子などにレッドのものを選んで身に付けたり、見えるところにレッドを置いてみましょう。女性ならネイルを赤にしてみるなどもよいです。

身に着けるものに限らず、身体に取り入れるということで、食すものでもよいです。赤身のお肉、赤ワイン、ぶどうジュースや、トマトなどもいいです。

食べ物でなくても、沈む太陽を眺めるだけでも、レッドを取り入れることになります。紅葉した木々や赤い花や実などを見て、綺麗だなと思うのも、カラーセラピーです。

レッドを取り入れたいと思うときには、少し時間をかけ、自然の中にある「レッド」を眺めて見るのもよいでしょう。色に敏感になると、さまざまな場で、無意識に自分が惹かれる色を探していることがしばしばあります。

「人間関係を円滑にしたい」「守ってあげたい」「守られたい」ときは「コーラル」を用いてみましょう

コーラルは、朱色に白を混ぜた色。ピンクの一種です。ピンクは女性の色であり、愛の色。かわいい色ですが、レッドが含まれているため、強さを持った色です。

子供さんへの愛や身近な人への愛、自己愛など愛を表す色でもあります。赤と白の混色のピンクとは同じピンクの仲間でも、赤と白の混色のピンクが無償の愛、ユニバーサルラブの色とするなら、コーラルには、とくに母性、自己愛、守ってあげたい、守られたいなどの意味があります。

そしてコーラルは珊瑚や産後の意があります。

また、珊瑚礁は、群生して生息します。そのため共生、協力、協調性などの意味があります。「コーラル」は人間関係を円滑にしたいときもおすすめの色です。そして珊瑚は、環境の変化によって死んでしまうという、とても繊細な生き物です。そのため、コーラルには繊細といった意味もあるのです。

「産前産後のお守りとして」や、「守ってあげたい」「守られたい」そんなときは、朱色に白を混ぜたコーラルを、洋服やお花、口紅やネイルに用いる、アクセサリーやテーブルコーディネートに用いるでもよいです。

食べ物や飲み物もよいです。ジュース、カクテル、明太子スパゲティとか、サーモンのマリネなどもよさそうです。宝石の珊瑚は、パワーストーンとしても旅のお守り、妊娠、子宝、恋愛のお守りとしてよいですが、色としても同様におすすめです。

「仲間とワイワイしたい」「楽しみたい」ときは「オレンジ」を用いてみましょう

オレンジは、レッドとイエローが合わさった色。そのため、レッドとイエローの要素が半分含まれていると考えていただくとよいです。

レッドも火を連想しますが、レッドは、自然から発生する激しい火です。

それに比べ、オレンジは、太陽、人工的な火、ゆらゆらと揺らめくキャンドルの灯りの色であり、また、キャンプのとき、みんなで囲むキャンプファイヤーの色です。焚火を思い浮かべてみてください、日の出もそうですが、焚火の周りにも人が集まります。

オレンジには、「みんなと一緒に」「楽しい」といった意味があります。「人と楽しみたい」

「仲良くなりたい」「仲間とワイワイしたい」そんなときはオレンジを用いてみてください。ハンカチやアクセサリー、洋服やバッグなど、オレンジのものがあれば取り入れてみましょう。オレンジ色の花を買ってきて、部屋に飾るのもよいです。

また、オレンジには、イエローが入っているので、気持ちを前向きにしてくれる色でもあります。電気を消して、キャンドルの灯りで、夜を過ごしてみると、心が落ち着き、リラックス効果をもたらし、気持ちが明るくなるなどの効果があります。

日本では、太陽と言えば、日の丸からレッドを連想すると思いますが、日本以外の多くの国々では、太陽の色と言えば、イエローやオレンジです。夜は暗闇で何も見えず、恐怖を感じますが、太陽が昇ると、周りを見渡せるわけです。

そういったことで、私たちの気持ちも太陽が昇ると前向きになります。夜は暗闇に包まれることで、周りに何があるのか、見えなくてわからなかったことが、太陽の光で解明できるわけです。そのため、太陽の色であるオレンジやイエローそしてゴールドは、気持ちを前向きにしてくれる色であり、陽気な色。

オレンジは、人との交流の色です。太陽が昇ると、人との会話が生まれます。「今日は人と楽しく過ごしたいな」というときは、オレンジを用いてみましょう。食べ物でもよいですよ。フルーツなどもよいと思います。

「目標を達成したい」「豊かになりたい」ときは「ゴールド」を用いてみましょう

ゴールドはオレンジとイエローの中間の色相です。ゴールドは、金や豊穣を連想する色。そのため、ビジネスでの成功、名声、ゴールなどのキーワードが生まれ、華やかで、明るく楽しい色。「目標を達成したい」「豊かになりたい」ときや、ビジネスで成功したい、華やかに見せたい、見られたいときは、ゴールドを用いてみましょう。

ゴールドは、アクセサリーで用いると取り入れやすいです。

そして、光輝く太陽の光そのものを浴びるのも、ゴールドの効果があります。

また、自然界では、ゴールドと言えば、秋の光り輝く黄金色の収穫前の稲穂の色があります。秋になると至る所で見ることができるので、外に出かけてゴールドを感じてみるとよいですし、夏であれば、ひまわりも熱い太陽を浴び、神々しく光り輝いているゴールドでもあります。ひまわりを部屋に飾る、マリーゴールドを植えてみる、カトラリーをゴールドのものを使うなど、用い方もさまざまあります。

あなたの周りにゴールドのものはありますか？　意識して取り入れてみてください。

「ひらめきが欲しい」「人から注目されたい」ときは「イエロー」を用いてみましょう

イエローは、レッドと同じく、これ以上分解することのできない一次色の色。イエローは太陽を連想し、まぶしく照らす、光の色です。

脳を刺激する色であり、ひらめきが欲しいときや、注目されたいとき、知りたい、解き明かしたいなど知識欲を高めたいとき、イエローを使うとよいです。イエローを持ち物などに取り入れる、文具や小物などで取り入れていただくとよいでしょう。

アクセサリーは、シルバーではなく、ゴールドを選んでみてください。イエローに近い色相のゴールドもイエローをたくさん含んでいますので、シルバーかゴールドか、どちらかを選ぶ場合は、ゴールドを選んでみてください。

イエローの服というと、難しく思えても、差し色として、イエローが入っているものなら、抵抗なく着ることができます。上手に、工夫してイエローを取り入れてください。

イエローは太陽の色。昼間の太陽は、私たちの頭上を照らすことから、イエローは脳を刺激する色。思考の色であり、知識欲の色、ひらめきの色です。

「ひらめきが欲しい」「人から注目されたい」とき、わからないものをわかろうとする、知りたいときにも、イエローに惹かれます。そんなときは、イエローの色を身近に持つことをおすすめします。

もし、その日が、天気のよい日なら、外に出て、イエローの光を浴びながら、外の空気を吸ってみましょう。そうすることで、太陽の光が脳を刺激し、新たなひらめきが得られるでしょう。

「新しいことにチャレンジしたい」ときはイエローグリーン（黄緑）を用いてみましょう

イエローグリーンは、イエローとグリーンの中間色です。グリーンよりもイエローをたくさん含んでいる色と考えてもらったらよいでしょう。グリーンよりも明るい色なので、グリーンを選ぶ場合より、イエローグリーンを選ぶほうが、気持ちが明るい可能性があります。

人は、何かを始めようとするとき、または何かをし始めたときは、ワクワクします。初心者マークの色もこの色が使われています。

春先は、植物も新芽が出ます。まさに新芽の色。自然と春は植物などが芽を出し、草花も雪解けとともに顔を出すので、人の心も何か始めようかなとワクワクします。春先はカラーセラピーを習いに来る方も多い季節です。春を思わせるイエローグリーンは、何かを始めよう！　とスタート、リスタート、冒険、チャレンジ、可能性とそんなキーワードが生まれます。

この色の取り入れ方ですが、イエローグリーンの葉の植物を部屋に飾るでもよいですし、雑草を抜くなど、庭いじり、ガーデニングなら、土にも触れることで、アーシングの効果、ブラウンの効果もイエローグリーンやグリーンとともに得ることができ、リラックス効果も高いです。

また、ほかの色と同様に、洋服やネイルに取り入れる、または、新鮮な黄緑の葉野菜を食すでもよいです。

イエローグリーンのスムージーも綺麗です。飲むと身体が元気になるような気がしますので、スムージーなどでも取り入れてみるのはよいかもしれません。また、自然界においてて、グリーンは一番多い色なので、イエローグリーンも自然界の中に多くみることができます。イエローグリーンもグリーンも、取り入れやすい色なのかもしれません。イエローグリーンを取り入れたいときは、家の周りを散歩してみることでもよいかもしれません。

「ほっと一息つきたい」「マイペースでいたい」ときは「グリーン」を用いてみましょう

グリーンは、イエローとブルーが合わさってできた色。そのため、イエローの要素と、ブルーの要素が半分ずつ含まれています。グリーンは、自然の色。そのため癒されたいと思うとき、一息つきたいと思うときグリーンを選んだりします。

「今日は自分のペースで過ごしたいな」と誰しもそんな風に感じる日があります。そんな日には、グリーンを部屋に取り入れる、緑のあるところに意識的に行ってみる、草取り、植物に触れ合うなどの庭仕事もよいですね。森林浴は、グリーンの緑からも、木々や草花の香りからも癒しをもらえます。

あとは、スターバックスコーヒーは、ロゴにもグリーンが使われていますし、スタバエプロンもほかの色もありますが、グリーンが使われています。スタバに行くと、よくグリーンを目にします。そのためか、思いのほか長居してしまうことがありませんか？　グリーンをよく目にするだけで、私たちは、リラックスして、落ち着くことができます。

今日は人に振り回されず、自分のペースで過ごしたい、リラックスしたいときには、自然の中に身を置けたらいいですが、そうできないときは、グリーンのものを持ってみる、ご自身の洋服や小物にお気に入りのグリーンがあれば、ぜひこの日は取り入れてくださいね。

「流れに乗りたい」「冒険したい」ときは「ターコイズ」「青緑」を用いてみましょう

ターコイズは、グリーンとブルーの中間色です。一次色のブルーに少しだけ黄色が入った色です。

イエローが入っていますので、「冒険したい」といった楽天的な意味も連想できるのです。連想するものは、河、川、海、水、トルコ石、イルカなどがあります。

古代文明は大河のそばで誕生しました。古代メソポタミア文明、古代エジプト文明、古代インダス文明、古代中国文明です。そういったことからも、ターコイズには知識や知恵などを受け入れる、流行りに敏感といった意味があります。

「柔軟に対応したい」ときにもターコイズはおすすめです。河は、ごつごつした岩などもあります。でも河の水は、ごつごつした岩などの間をスルッと通り抜けます。たとえ困難だと思うことに直面したとしても、そのまま河の水の流れに身を任せて、ごつごつした岩の間をスルッと河の水のごとくとおり抜けるよう、あえて抗うことなく、流れに身をまかせる、困難から自分の身を回避するといった意があります。

困難に直面した際、河の水のごとく、スルッと通り過ぎるように、河の水のように柔軟に対処したい、そんな想いのときは、ターコイズを持ってみるとよいです。

トルコ石とも呼ばれるターコイズは、パワーストーンです。古くから、魔除けの役割があり、悪いものから身を守ってくれるお守りとして大切にされてきました。また、勇気や希望を与えてくれる石として、人と人をつなぐ、人間関係が円滑にし、人との絆を深めてくれる石として大切にされています。

ターコイズは、河や海の流れの色。流れが滞ると、河や海の水は濁ってしまいます。何かに囚われることなく「自由」でいることが大切となってきます。そのため、ターコイズの色の意味に「浄化」や「流れ」といった意味があります。

ターコイズを用いるには、トルコ石のアクセサリーが一番取り入れやすいのではないでしょうか？

男性でもブレスレットにトルコ石を身に着けている人は、案外多いです。女性ならピアス、イヤリング、ネックレス、ブローチなどがあります。そのほか、寝具類のカバーや下着などでターコイズブルーを用いてみるのもよさそうです。

「伝えたい」「のんびりしたい」「真面目にやりたい」ときは「ペールブルー」「水色」を用いてみましょう

「ペールブルー」「水色」は、ブルーに白を混ぜた色。ペールになると白が入るので、ブルーより、薄く、明るく、軽くなるイメージです。ブルーの意味も白が入ることにより、少し薄まり、少し軽く、明るく、そしてブルーより、はっきりしない意味になると考えていただけたらよいと思います。

ペールトーンは、淡くて、儚《はかな》げで、はっきりしないといった、薄くて主張しないトーンです。ブルーよりも白が入ることで軽さと明るさがでてきます。

それとは別に次のような解釈もあります。ブルーに白が入ることで、白＝光としてとらえ、光が入ることにより、ブルーの意味が強くなる、とも解釈できます。

それらを意識してペールトーンの色の意味を考えていくとよいです。

たとえばブルーが「自分の気持ちを言葉で伝えたい」というのに対し、ペールブルーは、「自分の気持ちを伝えられたらいいな」という感じに、少し柔らかく、軽くなる場合と、光が入ることで、「必ず伝えたい」と強い意味になる場合もあるということです。

ペールブルーに限らず、ペールトーンの色の場合は、同様に、白が加わることによって、上記の解釈を思い出して、参考にしていただけたらと思います。

「自分の気持ちを言葉で伝えたい」「1人時間を楽しみたい」ときは「ブルー」を用いてみましょう

空や海を連想するブルー。1人時間を楽しみたい、1人で静かに過ごしたいという思いがあるときに、ブルーに惹かれる傾向があります。自分と向き合う時間にブルーを用いるのはよいです。色は視覚だけではありません。五感で感じるもの。波の音のBGMは、ブルーを用いるのと同じで、1人静かに過ごしたい、癒されたいときに波のBGMを流すのもよいですし、海や空をボーっと眺めてみるのもブルーの効果です。

あとはブルーを洋服やブローチやハンカチなどの小物、とりわけテーブルコーディネートなどに用いるのもよいかと思います。また、アロマを焚くのもよいです。ブルーを連想させるミントなど、スッキリ系のアロマを焚くのも効果的ですし、女性はネイルやコスメに用いるのもよいでしょう。

集中して何かを覚えないといけないときは、ブルーのペンを使って、覚えたいことを紙に書いて覚えるというのも効果的です。私も暗記しないといけないというときのために、常にブルーのペンをストックしています。

また、ブルーは食欲が湧かない色なので、ダイエット効果が期待できそうです。ランチョンマットをブルーにする、お皿などをブルーにすることでも、食べ物の摂取をいつもより は控えられるかもしれません。その時々で、あなたの取り入れやすいもので、ブルーを取り入れてください。

「人に干渉されたくない」「何かに没頭したい」ときは「インディゴ」「藍色」を用いるとよいでしょう

インディゴ、藍色とも言います。インディゴは、ブルーとパープルの中間の色相です。そのため、ブルーの広大で壮大な色とパープルの神秘的な色を兼ね備えています。そのため、インディゴも高貴な色とされています。

宇宙の色、深海の色といったらイメージできるでしょうか。静まり返った宇宙や深海の色は、何だか神秘的にも思えてきます。赤と青を混ぜると、紫ですが、青の比率を多くすると、インディゴができ上がります。

インディゴはどこまでも深い海の底、どこまでいっても出口がない宇宙をイメージしてもらうとわかりやすいです。そのため、海底には豊かな資源などが眠っていることから、可能性、知性や知識といった意味がインディゴにはあり、また、孤独、直観力、洞察力、深い愛といった意もあります。

ブルーは自分と向き合う色なので、そのブルーの比率が多いインディゴは、ブルーよりももっと自分と向き合うといった意味が強くなります。

「人に干渉されたくない」「勉強や仕事に没頭したい」ときには、インディゴを用いるとよいです。インディゴは、人にとやかく言われたくない、内省と自己探求の色、そして、自分の直感に従って進んでいきたい、そんな色です。

洋服では、デニムなどもよいですし、靴や帽子、バッグ、エプロンやお皿、フットネイルにインディゴも取り入れやすいので、おすすめです。

古くから、日本人にとって、藍色はなじみのある色です。藍染もそうですし、藍色は日本人が取り入れてきた色。意識して、自分の身の回りの藍色を探してみると、意外にもたくさんの藍色に出会えるかもしれません。自分の心の色を知ることで、身の回りの色に敏感になってみましょう。

「個性的でありたい」「人とは違うと思われたい」ときは「パープル」「紫色」を用いましょう

パープルは、二次色です。レッドとブルーの混色でできています。レッドの情熱とブルーの冷静、レッドの暖かさと、ブルーの冷たさ、その他、レッドとブルーでは、男性性と女性性、肉体と精神など、両極のものが合わさってできている色。そのため、二面性といった意味も含んでいます。

パープルは、人と同じということに意味を見出しません。人と違うことを求める色。「人と違う」「個性的」と言われるのが、嬉しい色です。この色は、沢山の人とワイワイ過ごしたいわけではなく、むしろ気の合う人とだけ仲良くすれば満足するようなところがあります。

パープルは、宇宙、夜空などの連想から、見えない、不安、暗い、複雑などの意味があります。「個性的でありたい」「人とは違うと思われたい」「夢に向かって真っすぐ進みたい」ときは、「パープル」「紫」を意識的に持つようにするとよいです。パープルというと、取り入れるのが難しいと思われがちですが、そんなことはありません。

たとえば、ラベンダーのアロマや、お香などもよいでしょうし、紫の色の入浴剤やバスボムもよいです。コスメ、ネイル、ハンカチ、食器、テーブルクロスなどで、紫を用いることができます。

私の周りには、紫を好きな人が多いので、ネイルやポーチ、ハンカチ、洋服、食器などで取り入れているのを見かけます。お花が好きな人は、パープルのお花の植物を飾るのもおすすめです。

紫はお坊さんの袈裟の色と思う人も多いでしょう。この世の色ではなく、あの世の色のような、宗教的で、神秘的な色。私の家の仏壇のお線香が紫色なので、紫というと、一番にその香りを思い出します。

その次に、お気に入りのイソップのハンドクリームの香りをイメージします。これはパッケージもパープルで、ラベンダーの香りです。パープルというと、香りを思い出す、これも嗅覚で色を感じているということです。

今日は「個性的に」「人とは違う」と思われたいときには、ラベンダーのアロマを数滴ティッシュに落として持ち歩く、またはラベンダーの香りのハンドクリームや香水などを付ける、ラベンダーの香りのお香を焚くなど、色とともに、香りもあなたの背中を押してくれるでしょう。もちろん、パープルのものを取り入れていただくのもよいです。

「女性らしく見られたい」「優しく見られたい」ときは「ピンク」を用いましょう

ピンクは、赤と白の混色でできています。優しくか弱そうに見える色ですが、レッドが含まれているので、強さを秘めています。ピンクは愛を表す色、無償の愛を表します。「人の役に立ちたい」そんな思いがある色です。

「女性らしく見られたい」「優しく見られたい」「人の役に立ちたい」「愛したい」「愛されたい」と思うときは、ピンクを取り入れてみましょう。

ピンクの洋服、コスメ、持ち物のどこかにピンクを入れる、ペンケースやハンカチ、ポーチや文具にピンクを入れてみるのは、取り入れやすいのではないでしょうか？　インテリアの中にピンクを入れる、たとえばクッションカバーをピンクにしてみるなど、よいかと思います。色を取り入れる際ですが、取り換えができるものがよいかと思います。クッションカバーやティッシュカバーなら、取り換えができますよね。

私は、コースターはいろいろな色を持っています。その時々で、使い分けています。あとは、ハーブティー。いろんな色のハーブティーを持っています。お客様に応じて、ハーブティーを選んでいます。

色を取り入れるのに、ずっと色が変えられないでは困ってしまいます。その日その日で取り入れたい色は違うからです。お花などを飾ったりするときも、お客様にこんな気分になっていただけたらという思いで、メインの花の色を選んだりします。

たとえば、優しい気持ちになってほしいなと思うとき、ピンクのお花をメインにするような感じです。生花は枯れるから嫌がる方もいらっしゃいますが、生きているからこそ、私たちは色からも、植物そのものの力からも恩恵を受けます。

色を取り入れる際は、容易に色が変えられるものがおすすめです。

「1歩1歩進みたい」「安定したい」「基盤を固めたい」ときは「ブラウン」「茶色」を用いましょう

茶色は、赤、橙、黄色などに黒を混ぜると、茶色ができ上がります。

今は「1歩1歩進みたい」「着実に」「基盤を固めたい」「安定したい」そんなときは、「茶色」を用いてみましょう。茶色は土の色。そのため、根づく、開墾といったキーワードが生まれます。ここは足元を固めたい、そんな想いのときは、「茶色」があなたをサポートしてくれます。

カラーセラピーで色を選ぶとき、茶色に目が行くことがあります。そんなとき、ちょっと疲れ気味かなと思うことがあります。茶色は地面の色、安心、安定の色。私はそんなとき、アーシングをおすすめしています。

アーシングとは、素足になって、土に触れること、直接身体と大地が繋がることを言います。アーシングは、身体の電気を地面に逃がして、身体のバランスを整える効果があるそうです。大地に触れることで、安定するということです。

セルフカラーセラピーをして、茶色を選んだとき、自分で疲れているなと感じる場合は、アーシングをしてみるとよいでしょう。土だけではなく、海や川に入ったり、植物に触れたりでも、自然と触れ合うということで、アーシングと同様の効果があるようです。

土に触れる、川や海にすぐに触れるのが難しい人は、正しい「アーシング」の方法ではありませんが、こういったことでもよいと思います。

「金曜日の夜は花を買って帰ろう」というフレーズをお花屋さんの店内に掲げてあるのを見たことがあります。金の夜は、お仕事をしている人たちにとって、1週間の勤務が終わってホッとする日。土日がお仕事の人には当てはまらないことですが、金曜日が1週間の最後の勤務日の人にとっては、金曜の夜は特別なのではないでしょうか。1週間の疲れを、花を買うことで癒そうよ、そんな声が聴こえてきそうです。

花はグリーンやその他いろいろな色が含まれますが、今日は疲れているなと感じれば、鉢植えの植物を買う、鉢植えが難しければ、切り花でも、植物に触れることには変わりませんので、植物やお花を買って帰るでも、よいと思います。茶色は、安定、安心といったキーワードがありますが、グリーンも同様のキーワードがあります。取り入れ方としては、何の問題もありません。

「変わらない」「動かない」「しっかりと根を張りたい」ときは「ダークブラウン」「こげ茶」を用いましょう

茶色は、赤、橙、黄色などに黒を混ぜると、茶色ができ上がります。ダークブラウンは、ブラウンよりも黒が多く混ざっています。そのことをイメージして、色の意味をイメージしてください。

黒が多く入ることにより、譲らない頑固さが、ブラウンよりも強くなっている、より強固になるのがイメージできるでしょう。

絵具に黒を少しでも混ぜると、すぐに暗い色みになります。それくらい、黒は強い色。ダークブラウンに限らず、ダークトーンの色の場合は同様のイメージを膨らませていただけたらと思います。

「プロっぽくみられたい」「自分で解決したい」ときは「ブラック」「黒」を用いましょう

「ブラック」「黒」については、「クリア」「白」と対比してみるとわかりやすいです。「クリア」「白」は、何でも明らかにしたい色でした。思っていることをはっきりと言葉にして言うことで確かめたい色、モヤモヤしたくはないのです。

それに対して「ブラック」「黒」はどうでしょう。「ブラック」「黒」は、言いたくないのです。自分で解決したい色。たとえモヤモヤしたとしても、明白にするのを好みません。ぐっと我慢して、自分の中に覆い隠す、そんな色です。

黒を選ぶときの心理を考えると、「プロっぽく見られたい」「高級志向」「強く見られたい」「自分の想いを全部言いたくない」そんな声が聴こえてきます。もちろんこれだけではありません。

月曜日に、黒の服を着る人が多いというのを聴いたことがあります。月曜日が1週間の始まりの日だとすると、月曜日の朝が憂鬱に感じる人も多いはず。とりあえず、服を選ぶ気にもならない、そんな憂鬱な気持ちを黒で覆い隠し、とりあえず、黒を着ることで、自分に鎧を着させるかのように、きちんと感が見える「ブラック」「黒」の服を手に取る気持ちは、わかりますよね。

すでに亡くなられたアップルの共同創業者の1人、スティーブ・ジョブズ氏は、いつも同じ服を着ていた話は有名です。彼は、いつも黒のタートルネックに、ジーンズ、スニーカーといったスタイルだったそうです。ジョブズのクローゼットの中は、黒のタートルネックが100着はあったそうです。これは彼が服を選ぶ時間を勿体ないと感じ、その分、仕事に時間を注ぎたいためであったそうです。

休み明けの月曜の朝は、遅く起きがちです。時間がない中、黒の服はとりあえず、「ブラック」「黒」を着て行こうと、選びがちなのです。

お手持ちの持ち物の中に黒はありますか？　日本人にとっては、黒はフォーマルな色でもあり、古くから生活の中に溶け込んでいました。黒は意外にもたくさん見付けられるのではないでしょうか？「ブラック」「黒」の靴、服、バッグや小物など、きっとあなたの中にも黒色は見付けやすいと思います。取り入れてみてくださいね。私の身近な人の中にも、特に仕事のときは、洋服は黒と決めている人がいます。

「臨機応変に対処したい」「はっきりさせたくない」ときは「グレー」「灰色」を用いましょう

「グレー」「灰色」は、「クリア」「白」と「ブラック」「黒」の混色です。そのため、「クリア」「白」と「ブラック」「黒」の意味を半分ずつ含んでいると考えるとよいです。

お天気が曇りの日を思い描いてください。曇りの日は、外にお洗濯物を干すのを躊躇しますよね。家から出かける前ならば、曇っている空を見上げながら、今日は雨が降るのか降らないのか、傘をもっていこうかどうしようか迷うと思います。「グレー」「灰色」はそんな曖昧さを含んでいます。

「人の意見を聞いてから決めよう」「曖昧にしておきたい」「言うか言わないかは、その場の状況によって決める」「臨機応変に対処しよう」といった想いの日は、「グレー」「灰色」を身近に取り入れて過ごしてください。

洋服、シルバーアクセサリー、ブローチ、バッグ、ブックカバー、ランチョンマット、花瓶、食器、傘、スリッパなど、あなたの周りに、グレーのものはありますか？　なるべくなら何度でも目に触れるもので、取り入れましょう。

「要らないものを手放したい」「完璧にこなしたい」ときは「クリア」「白」を用いましょう

虹の七色の光を混ぜると、無色透明な光になります。クリアは色がないように思えますが、クリアが虹色のすべてを混ぜ合わせた透明の光だとすると、すべての色を持っていると考えることができます。

セルフカラーセラピーをしていただいた際、手帳に2色ずつ色を塗っていただきますが、クリアを塗ることがあったら、クリアも色として、塗るようにしてください。色がないと思い、塗らないなんてことがないようにしてくださいね。

クリアは完全、完璧な色。汚れがない色として、神に仕えるものの色とされています。神を象徴する色でもあります。

そして、クリアには、「０か１００か」といったキーワードもあり、中途半端におわらせたくない、やるなら完璧にやりたいという意があります。そういったときは、自分に厳しくあるのかもしれない、完璧主義の状態かもしれません。

モヤモヤしたことを、明らかにしたい、言わずにいるのではなく、言ってはっきりさせたい、といった想いがあるのかもしれません。白は自分の思ったことを口に出して、はっきりさせたいのです。

「要らないものを手放したい」「完ぺきにこなしたい」「リスタートしたい」ときは、クリア、白色を用いましょう。

「白って200色あんねん」というアンミカさんの言葉が流行しました。白ってひと言でいってもいろんな白があるということの意です。黄みがかっている白もあれば青みがかった白もありますよね。ほかの色もそうです。細かな色の違いはあります。ここではあなたがお持ちの白の持ち物でかまいません。

たとえば、カラーセラピストがカラーセッションを行うのであれば、本当はこの少しの色の違いでも、色の解説をしてくれるでしょう。お持ちの持ち物で白色のものとしては、どんなものがあるでしょう。アクセサリー、洋服、文具、植物、ネイル、ハンカチ、ポーチ、食べ物など、何でも構いません。アロマなら、ハッカのようなすっきりしたものでしょうか。ミント系でよいと思います。お試しください。

今日のあなたは？　「このようなときは、この色」チャクラ編

「チャクラ」とは、ヨガなどでも聴いたことがあるのではないでしょうか？「チャクラ」

に詳しい方もたくさんいらっしゃるとは思いますが、ここでは簡単に説明します。

「チャクラ」とは、インドサンスクリット語で、「車輪」「輪」のこと。

私たちの体の中心線上には７つのエネルギーの出入り口があります。これはエネルギーのコントロールセンターです。この７つのエネルギーコントロールセンターは、色と対応しています。

このチャクラは、下から上へと車輪が回転していると想像してください。このエネルギーセンターにある車輪が、身体の中心線上を下から上へと回転しながら回っているイメージです。

どこかが逆回転したり、車輪の回る速さが急にどこかが、遅くなったり速くなったり、滞ったりするとすれば、その個所に不調が表れてきます。また、正常に同じリズムで回転していれば、ポジティブな感情が保て、運気も上昇します。心と体の健康が保てるということです。

あなたが、セルフカラーセラピーをして選んだ２色の色のうち、チャクラに対応する色があれば、参考までに見てみてください。色とチャクラを通して、気づくことがあるかもしれません。本書にあるチャクラや色のメッセージは、皆さんのガイドのために記したものので文化的色彩象徴を含みます。

チャクラの積み上げ思想

チャクラには積み上げ思想があります。この第1チャクラから第7チャクラまでのチャクラを人間の精神の成長段階を表しているというのが、チャクラの積み上げ思想です。

第1チャクラ（ベースチャクラ）

体の位置は、足、生殖器。働きは、生命の誕生、大地に足をつけて立つ、人間の生存本能、家族や仲間などのつながりを表す。色はレッド。

第2チャクラ（セイクラルチャクラ）

身体の位置は、大腸、小腸、腰。働きは、人との交流、喜び、感情を意味する。色はオレンジ。

第3チャクラ（ソーラプレクサスチャクラ）

身体の位置は消化器系、胃、神経系。働きは、自我、思考、自己主張、アイデンティティー、自分で考える、左脳を表す。色はイエロー。

第4チャクラ（ハートチャクラ）

身体の位置は、心臓、肺。働きは、他者への思いやり、協調性、人と協力する、調和を意味する。色はグリーン。

第5チャクラ（スロートチャクラ）

身体の位置は、喉、口。働きは、コミュニケーション、自分の想いを表現、言葉で相手に想いを伝えることを意味する。色はブルー。

第6チャクラ（サードアイチャクラ）

身体の位置は、脳下垂体、甲状腺、副甲状腺、目、耳。働きは、直観、直感、洞察力、真実を見る目、本質を知る、第３の目サードアイチャクラと言われる霊的なチャクラでもある。色はインディゴ、青紫。

第7チャクラ（クラウンチャクラ）

身体の位置は、脳、頭上。働きは、自己実現、夢、理想、芸術性、精神性を示し、第7チャクラのエネルギーは、すべてのチャクラへと流れ、第8以上の高次のチャクラとつながり、つまり宇宙や神とのつながりを表す。色はパープル。

第1チャクラ（ベースチャクラ）レッドは、人間が誕生し、自分で、地に足を着けて立ちます。

第2チャクラ（セイクラルチャクラ）オレンジは、社会の中で、人と交流をし始めます。そうすることで助け合いも生まれ、人と交流することで喜びを感じたりもします。

第3チャクラ（ソーラプレクサスチャクラ）イエローです、自分の意思を持ち、自分で考え、自己主張するようになります。

第4チャクラ（ハートチャクラ）はグリーンです、ありのままの自分というものに気づき、人への思いやりや協調性を持ちはじめます、

第5チャクラ（スロートチャクラ）はブルーです、自分の気持ちや内面を表現できるようになります。

第6チャクラ（サードアイチャクラ）インディゴ、青紫は、真実を知る、直感、直観、洞察力を養います。

第7チャクラ（クラウンチャクラ）パープルは、自己表現、夢、理想、精神性。

これが積み上げ思想です。

解説によっては、もっと数が増えたりする場合がありますが、7つのチャクラ以外ですと足裏のチャクラで0チャクラや第7チャクラ以上は高次のチャクラもありますが、ここでは混乱しないよう、第1から第7までの前記に示したチャクラと色だけを見るようにしてみましょう。

このようにセルフカラーセラピーでは、参考にしてみてください。たとえば、今日はブ

ルーとピンクの2色を選んだとしましょう。ブルーは、チャクラの中にありました。ピンクはひとまずここでは置いておきましょう。

第5チャクラのスロートチャクラです。第5チャクラは喉のチャクラでした、この部分は、自分の内面を表現するところでした、自分の心と向き合ってみて、自分の内側の想いを伝えるのが、難しいな、上手に伝えられてないな、と感じた場合は、第5チャクラが弱まっているのかもしれません。うまく車輪が回転していないということになります。

このように、セルフカラーセラピーではチャクラも参考にしてみるとよいです。当てはまらなければ、無理して当てはめる必要はありません。参考までにとしておいてください。

カラーセラピーを繰り返し行っていくことで、身体の中心上にある車輪が、滞ることなく、回転し続けていく、バランスよく開き、エネルギーが流れていく、そうすることで、心も体も健康を保つことができるのです。

5色のセルフカラーセラピー

レッド、イエロー、ブルー、ブラック、クリア（白）の5色。

色鉛筆などの絵具をご用意いただいて、全色使うのではなく、絵具の中から、レッド、イエロー、ブルー、ブラック、クリアの5色だけを取り出します。その5色の中から2色選んでいただくのが、5色のセルフカラーセラピーです。

三原色であるレッド、イエロー、ブルーに明暗のブラック、ホワイトの5色だけを使います。なぜ、この色でカラーセラピーなのか、それは、三原色のレッド、イエロー、ブルーさえあれば、すべての色をつくることができるからです。それに明暗を表す黒と白を加えています。

たとえば、今日は、前記の5色の中で、レッドとクリアが気になったとしましょう。そうしましたら、レッドとクリア（白）を混ぜ合わせてみましょう。手帳のその日の余白部分でもいいですし、画用紙にでも、白い紙の上で混ぜ合わせてみてください。ピンクになりますね。

今日の色はピンク。

ピンク、どんな気持ちになりますか？　このような流れでやってみてください。たくさん色があるより、この5色で行うセルフカラーセラピーはやりやすいと思います。

そして、ブラックを選んだときですが、ブラックは強い色なので、色味に黒の絵具で一滴落としただけでも、暗い色になります。混ぜ合わせるときは、黒はほんの少しだけ色みに混ぜるようにしてください。

たとえば、レッドとブラックを選んだ場合、レッドに少しだけ黒を混ぜると、濃い茶色になります。この日はダークブラウンです。休むことが大切、急ぎ急ぎ行うのではなく、着実に行動する、そんな感じに思えませんか？

５色でセルフカラーセラピーを行う上で、黒を混ぜるときの注意点です。覚えておいてください。

色で頭の体操：「色の連想ゲーム」

日々、色に敏感になっていただくことが、セルフカラーセラピーを行う上で、大切だということはお伝えしてきました。結果、自分の心のケアもしやすくなります。

普段から、身の回り、商品パッケージ、自然の色にも敏感になることで、それを養うことができます。健康を意識したクッキーなどのパッケージにグリーンが使われていたり、クリスマス商品は、ワクワク感のあるレッドが使われていたり、珈琲のパッケージもブルーマウンテンだと、少し効果になるので、インディゴとゴールドが2色で使われていたり、頭痛薬の箱を見ると、緩やかに効くものだと、白い箱に対し、すぐ効くというようなものだと、インディゴ（藍色）の箱に色が変わっていたり、女性向けのものであれば、ピンクの箱が使われていたりします。

これは色での訴求効果です。色はノンバーバルなもの。誰かに色の意味を教えてもらわなくても、訴えていることは伝わります。身近にある色に敏感になることが、セルフカラーセラピーを続けるコツでもあります。

そのほかにも、色と仲良くなる方法があります。それは今からご紹介する色の連装ゲーム、色を使った脳トレです。時々、思い出したようにやってみてください。自分でセルフカラーセラピーを行う上でも、こういった色の連想をしていると、沢山の発見が出てくると思います。

「色の連想ゲーム」のやり方

用意するものは、画用紙とペン、色鉛筆などの絵具と鉛筆です。

今日のセルフカラーセラピーで選んだ色は、どんな色でしたか？　まだ選んでなければ、このワークの前に2色選んでからスタートしてください。

その2色が、たとえば、ピンクとクリア（白）を選んだとしましょう。画用紙1枚分がピンク、もう1枚分がクリア。それぞれの画用紙の真ん中にピンク、もう1枚の画用紙の真ん中にブルーと書きます。

ピンクとブルーから、思いつくことを書きます。たとえば、ブルーの場合、ブルーの紙の真ん中にブルーと書き、そのブルーの字の周りに3～4個ワードを書きましょう。繰り返しますが、画用紙の真ん中にブルーと書いて、その周りに水、海、空、雨、冷たいなどを連想したとして、そのワードを書きます。

そこから、細かく連想をしていきます。水→流す→綺麗。海→泳ぐ→キャンプ→夏休み。空→青い→広い→癒される。雨→梅雨→じめじめ→湿気。冷たい→寒い→固まる→不機嫌。こんな感じに書き出していく色を使った脳トレです。

そして、もう連想も出てこないくらい、連想できるワードを出し切ってください。ブルーのワードはブルーで塗りましょう。ピンクも同様に行ってください。

この色の連想が苦もなくすぐに言葉が出てくるなら、セルフカラーセラピーでも気づきがたくさん出てくるはずです。

この「色の連装ゲーム」を毎日1色ずつやっていただいてもよいですし、気づいたときに、やってみてください。こちらはカラーセラピストの方にもおすすめです。

2色の組み合わせ　色のメッセージ（1）

はじめてカラーセラピーに触れる方に、参考にしていただくために、2色の組み合わせから見た色のメッセージを付けておきます。

色の意味は何通りもあります。これがすべてではないことはいうまでもありません。

これは私が考えた色のメッセージです。

レッド×コーラル

1人で進んでいくよりも、誰かと一緒に進んでいきたいと思っていませんか？　あなたは、どこかに属していないと、不安なのではないでしょうか？

あなたには、仲間が必要なのです。仲間は家族かもしれません、もしくは、家族の協力が必要なのではないでしょうか？

レッド×オレンジ

あなたは、誰かと楽しいことをやりたい、やりたいことはすぐにでもやりたい、そんな風に思っていませんか？　家にこもっておらず、外に出て、人と一緒にワイワイしたいのです。そうする中で、時に、引き受けたくないようなことを誰かにお願いされるかもしれません。

そんなときは、面倒がらず、手を貸してあげましょう。そうすると、あなたが困ったときには、その人があなたを助けてくれるでしょう。

レッド×ゴールド

やるからには成功したい、成功する見込みのないことはやりたくない、そう思っていませんか？　あなたにとって、何かを突き進むためには、はっきりしたゴールが必要なのです。言い換えれば、しっかりとしたゴールがあなたの頭の中に描けていればいいのです。目標をしっかりと定めておきましょう。

自分が納得できないことはやらないこと。そうすることで、望む結果を得られるでしょう。

レッド×イエロー

あなたの行動において、ひらめきが大切になってきます。イエローはあなたの頭の中にピンとくるひらめきの光。思い立ったことがあれば、やってみましょう。

考えなくやるのではありません。そのひらめきを元にして、考えながら行動していくのです。逆にひらめかないことは、やらないほうがよいでしょう。それはあなたが納得できないことでしょうから。

レッド×イエローグリーン

あなたは今、新しいことに踏み出そうとしていませんか？　もしくは踏み出しているのかもしれません。最初は誰しも初心者です。不安に思うことがあって当たり前です。不安を恐れないでください。

それよりも、初めてのことをスタートする、またはスタートしたわくわく感を楽しんでください。いくつになっても何かをスタートすることは楽しいものです。

レッド×グリーン

自然豊かなところに行ってのんびりしたい、そんな風に感じていませんか？　あなたの身体は、少し疲れが溜まっているのかもしれません。身体を休めることを心がけてみてください。ちょっと頑張りすぎているのかもしれません。あなたがリラックスできる空間に少しでも身を置くようにできるとよいです。

レッド×ターコイズ

あなたは今、窮屈に感じているのではありませんか？　もし、そうであれば、それはあなたの心からのサインです。自由でないとあなたは羽ばたけません。不要な感情は、水に流して、あなたが心地よいと思う方向に進むようにしてください。

あなたは自由です。あなたが心地よいと思う方向に進むことで、あなたの持っている感性が活かされるのです。

レッド×ペールブルー

なんとなく、こんな風なことが言いたいのかもしれない、そんな感じで、あなたの気持ちはまだぼんやりとしているのではないでしょうか？　今はまだ、理想を追い求めているようで、現実的ではないかもしれませんが、理想を追い求めることは悪くはありません。

自分が伝えたいのはこんなことかもしれない、とその想いは今後大切になってきます。

いったん立ち止まって、自分の足元を見るつもりで、自分の気持ちと向き合ってみるのがよさそうです。

レッド×ブルー

あなたは真面目で、責任感のある人です。任されたことを途中で投げ出すようなことはしたくありません。あなたは1つひとつ片づけながら、きちんと進んでいきたいのです。だから、進む速度がスローペース、あるいは、あれもこれもできないと思うでしょう。それでいいのです。最後まで責任をもってやりとげるということが素晴らしいのです。

レッド×インディゴ

あなたは、今出口のない暗闇の中にいるような気持ちでいるかもしれません。どこへ進んでいったらいいのか迷子になっているのかもしれません。それでもあなたの中にはもう答えがあるのではないでしょうか？　あなたが信念をもって進んでいけると思う世界こそ、あなたの進む世界なのではないでしょうか。

あなたの直観を見失わないようにしてください。

レッド×パープル

あなたは、「これをもっと深めてみたいな」と思う瞬間、思う世界はどんなときで、どんな世界ですか？　あなたが心地よいと思うことにまっすぐ進んでください。もしかしたら、それは誰かの役に立ちたい、そんな思いかもしれません。

「面白い」と思うことは、人それぞれです。あなたが「面白い」と思うことにまっすぐ突き進むことが、このレッドとパープルのメッセージでもあります。

レッド×ピンク

あなたは大切な人に、もっと愛を注いであげなければと思っていませんか？ もしかしたら、もっと必要としてほしい、もっと愛されたい、と思う気持ちかもしれません。自己犠牲的に誰かに尽くすことはあなたを消耗させます。あなたは、あなたのままでいいのです。あなたの代わりは他にはいません。時には自分が喜ぶことに時間を使いましょう。

レッド×ブラウン

今は活動的に動くというよりも、地盤を固めることを優先に、ゆっくりペースに進んだほうがよさそうです。今まで忙しすぎたのではありませんか？ 1歩1歩自分の足元を固めていく、今はそんなときに来ているのかもしれません。どっしりと構えて、ゆっくりと進んでみましょう。

レッド×ダークブラウン

今のあなたは、動きたくないと思っているようです。自分の中で考えが固まるまでは、動こうとしないでいようと思っているのではありませんか？ 今は、しっかりと自分が納得のいくまで、ゆっくりと考えたらよいのです。

あなたは、考えがまとまったら、それに向かって進んでいくでしょうから。

レッド×ブラック

今のあなたは何でも抱え込みすぎではありませんか？

そのため弱いところを見せたらいけないとどこかで思っているのではないでしょうか？

１人で抱え込みすぎて苦しくならないようにしてください。

自分で解決するのは大切ではありますが、時に人に頼ったとしても、何ら悪いことではありません。見えないところで、うまく休むことを心がけてくださいね。

レッド×グレー

これからどのように行動するかは、はっきりとはわからない、もしくははっきりと決めたくないと思っていませんか？　はっきりしないでいることが、今のあなたにとって心地よいのです。自分の心地よい気持ちを大切にしてください。

そのようなときは、その場その場で、臨機応変に行動するとよいでしょう。

レッド×クリア

今、あなたは新しいことに挑戦しようとしていますか？　もしくは今までのものはいったん終わらせて、新しいことにとりかかる準備を始めているのかもしれません。あなたは何でもはっきりとさせたいようです。

あなたがこれから行動していく上で、一転の曇りがあってはいけないのです。あなたにとって、「これがいい」とはっきりとわかるものを選び、行動していくとよいでしょう。

コーラル×オレンジ

今のあなたは、自分に愛を注ぎたいと思っていませんか？　とくに外見を意識して、おしゃれをして、みんなから「かわいい」と言われたいのではないでしょうか？　そうすることが、今は楽しいのです。今後、あなたが仲良くなる人は、あなたと同じように美容好きの人かもしれません。

コーラル×ゴールド

あなたは、自分の持っている力で、誰かの役にたてないかと思っていませんか？　自分のことよりもむしろ、自分以外の人のために、役に立てることがないか、考えているのかもしれません。自分さえ、恵まれていればいいという考えはあなたにはありません。もしかしたら、あなたの子供のためかもしれないし、社会のためかもしれません。

あなたは自分の豊かさを人にも分けてあげたいのです。豊かさとは、単に金銭のことだけではありません。あなたの持っている知識や知恵かもしれませんし、今まで自分で気づき上げてきた何かかもしれません。

コーラル×イエロー

あなたは、どちらかというと、自分の意見をはっきり言える人のあとについていくほうが、安心できると思っていませんか？　大勢の中にいることのほうが、まるでスポットライトを浴びるかのように、１人で目立つよりも好き。

でも、時に自分の意見をはっきり言える人に憧れを抱いています。あなたは光を浴びることで、成長するのです。たまには、目立ってもいい、集団の中から1歩出て、自分の想いをぶつけてみましょう。

コーラル×イエローグリーン

あなたは、自分より経験が未熟な人に対して、私が助けてあげなければと、助けてばかりいませんか？　誰でも最初は初心者です。新しいことにチャレンジしようとする人の背中を押してあげましょう。あなたの面倒見のよいところはよいところですが、時には見守ることも大切です。

コーラル×グリーン

あなたが、楽しく、リラックスできる空間があなたにはありますか？　もし、そのような心地よくて、リラックスできる空間が持ててないようでしたら、あなたは今ストレスを感じ、頑張ろうとする気力が湧いてこないかもしれません。

あなたには、自分が心地よいと感じる、癒される場所が必要なのです。

コーラル×ターコイズ

あなたは人の顔色で、何となく言おうとしていることを感じ取るような敏感なところがあります。それゆえに傷つくのが怖い、または、自分の想いに蓋をして、我慢してしまうようなところがあります。あなたは、危険察知能力にも長けています。危険を察知したら、近づかない、または一定の距離をとる、人に相談するなど、自分で抱え込まないようにしましょう。

ストレスは、あなたにとって悪影響です。不要な感情もため込まないようにしてください。

コーラル×ペールブルー

あなたは、愛されたい、必要としてほしい、と思っていませんか？

あなたのほうは想いを伝えているのに、自分が思った以上に、相手から自分に対する想いが、返ってこないと思っていないでしょうか？　信頼は育てていくもの。これから共に育てていくようにしましょう。

コーラル×ブルー

あなたは、責任感が強く、真面目過ぎるのではありませんか？　平和主義なのはよいことですが、自分を犠牲にしてまで、人のために尽くすのはよいこととは言えません。あなたはもっとわがままになって、自分の想いを伝えてよいのです。

コーラル×インディゴ

あなたは孤独感に苛まれ、不安が押し寄せてくることがありますか？　あなたのことを応援してくれる人がきっといます。あなたは直感に優れた人です。持ち前の直感で、導かれるままに、楽しい方へ、人の輪の中へ行ってみましょう。そこであなたを応援してくれる仲間に出会うかもしれません。

コーラル×パープル

これからどのように進んでいったらよいか不安になっているのではないですか？　自分の中にある思いは大きいのに、それを実行に移すとなると、怖いと感じていませんか？　あなたの存在そのものが誰かの癒しとなったりすることはありませんか？　あなたの周りにはあなたを支えてくれる人がいます。自分の想いにまっすぐ進んでいきましょう。

コーラル×ピンク

あなたは愛情深く、魅力的な人です。自分の損得勘定なしに、人のために動ける人です。その一方で、もっと愛されたい、もっと必要とされたいという思いを抱き、寂しさを感じることがあります。人は1人では生きていけません。人は誰かとともに、誰かに支えられながら生きています。あなたは愛し愛される人なのです。今のあなたは「愛」がテーマです。「誰かのためにできること」「人を愛すること」を意識して過ごしてください。

コーラル×ブラウン

あなたは今、忍耐のときだと感じていませんか？　不安になって殻に閉じ籠るよりも、今はじっくりと問題と向き合う時間にするとよいでしょう。やがて夜は明けるでしょう。暗闇の中では成長はできません。光が必要なのです。落ち着きを取り戻したら、光の方向へ出てみましょう。

コーラル×ダークブラウン

あなたは集団の中にいるほうが落ち着きます。今のあなたは、試練を感じさせられるような出来事で、重苦しくなっていませんか？　いったん、落ち着くまで休みましょう。動かないほうがよいです。あなたの心が落ち着いたら、光の方向へ向っていけばよいのです。

コーラル×ブラック

自分のことをわかってもらおうと、自分から話しかけて、拒絶された経験がありましたか？　心を開いていない人に何を言っても無駄です。一方通行では、信頼は築けません。自分が楽しいと思うことをしましょう。重苦しい感情は捨ててよいのです。自分が心から望むことをしてください。そしてもっと自分を大切にしましょう。

コーラル×グレー

自分の想いに曇りが出てきていませんか？　何だかはっきりしない、そんな想いを抱いているようです。そんなときのあなたは元気がでません。今は心に雨雲がかかった状態です。自分をもっと大切にして、あなたが元気でいられる人と付き合い、あなたが元気でいられる場に身を置きましょう。

コーラル×クリア

あなたは今、とても心地よい状態です。あなたにはやってみたいことがあるのではありませんか？　それは新しいことかもしれません。それをやってみることで、あなたは自分の可能性を広げ、成長できるチャンスなのです。それを阻む不要な感情があるのなら、水に流してしまいましょう。

オレンジ×ゴールド

あなたはもっと豊かになりたいと思っていませんか？　それは物質的にもそうですが、自分の人生を豊かにしたいと思っています。そのための知識を得たいと思っています。ただ、それはあなたが納得したもので、豊かになりたいのではありませんか？　人との交流が豊かさにつながるようです。あなたが楽しいと思う人との交流を大切にしてください。そして、困っている人がいたら、自分ができることは進んで協力しましょう。

オレンジ×イエロー

あなたは太陽の下で思い切り楽しみたい、気持ちはまさにそんな感じではありませんか？　自分が面白いと思うことをやって、人と一緒に楽しみたいとあなたは思っているようです。今、あなたの関心事は何ですか？　そして、その上、お腹も満たされれば、あなたは充実感を感じるでしょう。

オレンジ×イエローグリーン

あなたはまだ出会ったことのない人との人脈を広げたいと思っていませんか？　そのためには、自分の興味あることを始めたい、もしくはすでに今始めているのではありませんか？　今は、新しいものを吸収するときです。新しいことは、あなたが、ワクワクし、楽しいと思うものです。自分が楽しいと思うものをやってみましょう。

オレンジ×グリーン

あなたは、人間関係に少し疲れが出てきていませんか？　人の顔色を気にしてしまって疲れているようです。ストレスを溜め込まないようにしましょう。

オレンジ×ターコイズ

あなたは、言葉で表現すること以外で、沢山の人と交流したいと思っていませんか？　言葉以外のものときいて、何だかわかりますか？　あなたの持っているもので、それは知識かもしれないし、芸術的なものかもしれないし、何か道具なのかもしれませんが、それを使って不特定多数の人と交流したいと思っているようです。もしかしたら、SNSなどの手段を使ってかもしれません。今は1対1のコミュニケーションよりも、1対複数のコミュニケーションをしたいと思っているようです。

オレンジ×ペールブルー

あなたはもっと自分の気持ちを話せたらいいなと思っていませんか？　ただ、自分の言葉で気持ちを伝えることの難しさを感じているので、つい、自分の気持ちを伝えず、ため込みがちです。相手の言うことに何でもよい顔をしてしまうところがあります。そうすることで、人間関係にストレスを感じることがあるのです。

もともと、人とのおしゃべりが好きな人です、もっと自分の想いを言葉で相手に伝えることができたら、あなたはもっと楽しめるでしょう。

オレンジ×ブルー

あなたは、1人は嫌だと思っていませんか？　それくらい寂しがり屋さんです。

友達の輪の中にいても、あなたは真面目で、人からの信頼が厚い人です。人から頼まれたことも断り切れないところがあります。真面目で責任感の強いところは、あなたのよいところですが、あなたが苦しくなるようではいけません。嫌なことは素直に嫌と言いましょう。きちんと言葉で自分の気持ちを伝えることが大切です。

オレンジ×インディゴ

あなたは自分の世界で楽しみたいと思っていませんか？　あなたが楽しいと思うものは、あなたの世界の中にあるようです。言い換えると、自分なりの楽しみ方があり、人との交流の仕方があり、あなたはあなたの世界の中に、あなたの仲間がいるようなのです。直観のあるあなたなら、ピンとくるのではないでしょうか？　あなたの世界、あなたの宇宙を楽しみましょう。

オレンジ×パープル

あなたは自分のやっていることへの結果が欲しいと思っていませんか？　何かにとりかかるのなら、きちんとした満足感が欲しいと思っているようです。「楽しい」と感じることがあなたの原動力ですが、楽しいだけで終わるのは嫌だと思っていませんか？　ただ、今はあまり考えこまずに、自分の楽しいと思うことにまっすぐに進むときです。まっすぐに進むことで、欲しい結果を得ることができるでしょう。

オレンジ×ピンク

あなたは人から愛されたいと思っていませんか？　たくさんの人から愛されたい、沢山の人から必要とされたい、そう思っているようです。今のあなたは愛を欲しがるほうが与えるよりも多くなってはいませんか？　人に愛を与えること、これができると、その愛があなたにも返ってくるでしょう。

オレンジ×ブラウン

あなたは自分が楽しむことを忘れていませんか？　自分の感情に蓋をしていませんか？もし、そうだとすると、あなたはストレスを感じています。なかなか今までと違うことはできないかもしれませんが、少しずつでもよいので、自分が喜ぶことを取り入れていきましょう。そして、それを続けてください。そうすることで、習慣化になり、それが当たり前になるでしょう。

オレンジ×ダークブラウン

あなたは、人間関係において、重苦しいと感じていることがありますか？　黙っていればいいと思って、自分の想いに蓋をしていることはありませんか？　今は、言いたくないようです。無理して言う必要もありませんが、あなたには仲間がいることを忘れないでください。時には仲間に助けを求めることも大切です。

オレンジ×ブラック

あなたは楽しむことが悪いことだとでも思っているのではないでしょうか？　楽しみたいのに、それを我慢しているのではありませんか？　なぜ、我慢をしているのかは、わかりませんが、あなたにはサポートしようとしてくれる人がいます。その人たちのことを忘れないでください。苦しいときには苦しいと言って、手を貸してもらいましょう。弱音を吐くことが悪いことだとは思わないでください。人は誰しも人に支えられて生きているのですから。

オレンジ×グレー

あなたは、人との付き合いで、モヤモヤすることがありませんか？　気持ちがモヤっとして、ストレスを感じているのではないでしょうか？　雲がかかった空もやがて晴れ間が見えてきます。今は状況を見ておきましょう。状況次第で、これからの付き合い方を変えればよいのです。今、決めることではありません。臨機応変に行きましょう。

オレンジ×クリア

人との付き合い方がはっきりとしています。どんなものに興味があって、どんな人たちと付き合っていきたいのかが、明白だということです。人との付き合いに、曇りがない様を表しています。あなたが望む人との交流が、これからも光が広がっていくように、増えていくでしょう。

ゴールド×イエロー

あなたは、自分の考えで、成功したいと思っています。成功するために、考え、計画を立てているともいえるかもしれません。あなたにとって、考えることはとても大切ではありませんか？　考えずに行動するなんて、あなたには考えられないこと。しっかりと計画を練って行動するようです。あなたにとって言葉で説明できないものは苦手です。論理的に筋道を立てて、考えられるものしか手を出してはいけないと思っているようです。したがって、あなたが頭の中で説明がつかないものは、手を出すべきではないと言えるでしょう。

ゴールド×イエローグリーン

今は大きな成果を得るために種をまくときかもしれません。今は、その収穫を夢見て、ひたすら種をまきましょう。何事にもきちんとした土壌が必要です。やがて、その種は芽を出し、成長します。より大きな収穫が得られるように、今は種をたくさん蒔くときです。あなたの好奇心は、どんな種をまきたいですか？　雑草を取り除き、種を蒔いたら、水をやり、しっかりよい芽が出るようにしましょう。

ゴールド×グリーン

あなたは平等に自分の持っているものを人に分け与えたい、そんな思いがあるのではありませんか？　あなたは自分さえ豊かになれれば、それで満足ではありません。あなたは、平等に自分の持っている知識や知恵を人に与えることで、もしくは、教えることでこそ、あなたは喜びを感じ、満たされるのです。

ゴールド×ターコイズ

あなたは新しいものを取り入れることが得意です。あなたの持っている知恵や知識をもとに新しいものを生み出すのが得意なのです。そしてそれをたくさんの人へ発信するのも得意としています。あなたがたくさんの人に発信したいものとはなんでしょう？　自分の知識や知恵を使って、生み出したいものは何ですか？　それがわかれば、あとは沢山の人へ発信しさえすればよいのです。そうすることで、あなたも充実感を感じることでしょう。

ゴールド×ペールブルー

もっと上手にコミュニケーションが取れるようになりたい。

これから未来に向けてもっとその思いを達成したいと思っているようです。もっと、言葉で自分の想いを伝えられるようになれば、それによって得られるものは大きいと考えているようです。言葉の大切さを感じています。これからは、自分の思いを言葉で伝えられるようにならないと、あなたが考えているゴールは得られないかもしれません。

ゴールド×ブルー

世界が幸せになるように、この世が幸せであるように、自分の周りが豊かで優しさに満ちているようにとあなたは思っています。そのために自分ができることは引き受け、そして、自分の人生も豊かになれるようにとあなたは願っています。自分ができることは責任をもって最後までやりたいと思っています。あなたは誠実で華やかな人です。あなたが誰かのためにできることはなんでしょう？

ゴールド×インディゴ

あなたが今暗闇にいるのなら、もうすぐ世はあけるでしょう。まっ暗な世界にいると、出口がないような気持ちで、気持ちが沈むかもしれませんが、真っ暗な世界で、自分を見つめる時間が、自分にとって大切なものを教えてくれます。あなたにとって大切なものに気づきましたか？　まだ気づけていないようでしたら、まだ、自分と向き合う時間が必要ということです。

ゴールド×パープル

あなたは豊かになりたいと思っていますが、それはお金持ちになることももちろんですが、どちらかというと、精神的に充実していることのほうが大切だと感じているのかもしれません。あなたが理想に近づこうと、まっすぐに進むことで、あなたは精神的にも豊かに、物質的にも豊かになるでしょう。

ゴールド×ピンク

あなたはもっと女性らしくなりたい、着飾りたいと思っているのかもしれません。おしゃれをするにはお金がかかるとも思っているかもしれません。あなたはもっときれいになって、みんなから褒められたい、もっと輝やいて、注目を浴びたいのです。

ゴールド×ブラウン

あなたは十分休めていますか？　あなたは休みたいと思っていませんか？　あなたという木に豊かな実を実らせるためには、あなたという土壌も肥えていないといけません。あなたの健康状態はどうでしょうか？　疲れているなら、ゆっくり休むことが必要です。

ゴールド×ダークブラウン

あなたは、人に見せていませんが、成功するために見えない努力を続けていませんか？あなたは、自分の目標を達成するために、努力を惜しまない人であり、それを人に見せたくない人です。努力する過程を見せたくないのです。あなたは一生懸命に頑張る人です。

疲れたときは無理せず休みましょう。

ゴールド×ブラック

あなたは、洗練されたものが好きです。洗練されていて、かっこよいものを求める傾向にありませんか？　あなたは、高級志向です。そして、自分にも隙がありません。あなたは強い自分でいたいのです。隙を見せたくないあなたですが、それでは疲れませんか？疲れたら、休んでください。何事もバランスが大切なのです。

ゴールド×グレー

あなたにとって、価値観が曖昧になっていませんか？　何がよいか、何が悪いのか、曖昧で、はっきりとしていないようです。あなたにとって、得たいものとは、なんですか？　何を得たいか、曖昧でいるほうが、はっきりと決めないほうが、満たされるのです。

ゴールド×クリア

あなたは、何かをやるからには、１００パーセントの力を注ぎたい人です。目標を設定すると、完璧にそれを達成したいと思うのではありませんか？　なんでも完璧主義なところがありませんか？　何かに一生懸命になれることはあなたのよいところです。なんでもはっきりさせないと気が済まないところがあるかもしれません。それが時に自分自身を追い込んでいるのかも。時にはグレーでいいときもあります。「今日はこれくらいにしておこう」と中途半端に終わる日があっても何ら悪いことではありません。

イエロー×イエローグリーン

あなたは今好奇心で満ちています。頭の中はいろんなことを考えているのではありませんか？　今は、興味のあることを、手あたり次第やってみてもいいのです。あなたのひらめきはそのままに、とりかかって構いません。不安になる必要もないです。今のあなたは、まっすぐ興味のあるものに向かって進むことで、成長していくでしょう。

イエロー×グリーン

あなたは、今、成長のときです。たくさんの人の中にいても、注目を浴びる機会があります。そんなとき、ありのままのあなたでいればいいのです。あなたの日常に光があたるのです。今はどこまで成長できるか、構えることなく進んでいきましょう。

イエロー×ターコイズ

あなたは今、いろんなものにとても敏感で、常にアンテナを張り巡らせているようです。敏感にいろいろなものをキャッチし、それを選別しています。今はよいものもそうでないものも、いろんな情報をキャッチしているので、しっかりと見極めることが重要です。

イエロー×ペールブルー

これからはもっとSNSなど、複数の人に伝えられるような媒体に力を入れていかなければと思っていませんか？　これから、あなたの気持ちをたくさんの人に伝えていきましょう。一番は自分の「これを伝えたい」という、あなたの内側にある想いを伝えましょう。

イエロー×ブルー

あなたは、今とても安定している状態ではないでしょうか？　左脳と右脳をバランスよく使っているようです。思考と直感のバランスがよさそうです。

あなたの心と身体は、今穏やかな状態ですか？　安定していますか？　そうでもないと思われる場合は、思考と直感のバランスをとることに意識を向けてみてください。

イエロー×インディゴ

あなたの心の中には、自分が楽しいと思うものが、はっきりとしていませんか？　その楽しい、面白いと思う方向に、まっすぐに進んでいけばよいのです。あなたはどんなときも、見失うことはありません。あなたの自分の進むべき道は、照らされているのですから。

イエロー×パープル

あなたは、個性豊かな人。自分の個性を大切にしてください。ほかの人とは違うあなたの感性が、人から注目されるのです。自分の個性、オリジナル、芸術性を磨いていってください。

イエロー×ピンク

あなたは、きちんと育てたいと誰かのことをそんな風に思っているのかもしれません。自分から愛を与えたいのです。愛といってもいろんな愛があります。今は与えたい思いが先行しているようです。

イエロー×ブラウン

あなたの足元は光で照らされています。あなたを導いてくれる光があります。1歩1歩、案内されるままに進んでみてください。

イエロー×ダークブラウン

今は動くよりも、立ち止まって、自分の基盤を固めるときです。足元をより強固に固めるときのようです。そして、外の光を浴びましょう。外の光とは、新しい知恵や知識を吸収するのも忘れずに行うことでもあります。今は、あなたの奥深くまで、それらを吸収することができそうです。

イエロー×ブラック

あなたは、今、前向きになることができないのではないですか？　自分の可能性や未来への希望に蓋をしていませんか？　あなたがやりたいことはなんですか？　あなたはもっとわがままになってよいのです。

イエロー×グレー

モヤモヤとしていることがありますか？　うやむやになっていることを解明したいと思っていませんか？　いつまでもそのモヤモヤした気持ちが続く訳ではありません。間もなくそのモヤモヤはなくなるでしょう。

イエロー×クリア

あなたは、きちんとやらなければと、完璧主義になりすぎているところはありませんか？完璧にやらないと、不安になる、そんな風に思っているのではありませんか？　もっと自信をもってよいのです。あなたは何事もこなせる人です。

イエローグリーン×グリーン

あなたは自分から人脈を増やしたいなと思っていませんか？　自分からも人を誘うようにしていますか？　自分がこの人と付き合いたいと思えば、自分から働きかけていかなければなりませんし、誘われたら断らないことも大切です。いつもより、人との付き合いにおいて、積極的になってみましょう。

イエローグリーン×ターコイズ

今、あなたにとって、冒険のときのようです。あえて気持ちの赴くままに、1人で行動してみるのも、よいでしょう。新しいことを発見し、新しい自分の世界が築けるチャンスです。直感を信じて、新しいほうへ、いつもと違った道を選んで、進んでみてください。

イエローグリーン×ペールブルー

今は現実的なことよりも、未来に気持ちが向いているようです。気持ちもどこかフワフワとしているようです。今は足元をみるよりも、先のことの想いを馳せているようです。

今は、新しい芽がでるための準備でもあります。自分と向き合って、心も整えておきましょう。まだ、あなたの気持もはっきりとしたものではなく、前向きではありますが、心からの想いで何かをしようというまでには至ってないようです。

イエローグリーン×ブルー

新しい仲間や友人を増やしたいという思いがありますか？　自分からも積極的にならなければと思っているようです。また、話すときは思いやりを持って会話をしないといけないと思っています。ただ、話すことが怖くなったり億劫になったりしてはいけません。自分から積極的に会話をするようにしてみてください。

イエローグリーン×インディゴ

出口がなく道がふさがったように思えていませんか？　真っ暗闇にいるように思えているのなら、もう可能性の種が芽を出そうとしているので、安心してください。自分の世界を大切にするあなたは、自分のやりかたで物事を推し進めます。あまりにそれが極端になると外部のことがわからなくなります。まさに出口のない様を表しているようです。そんな中でも新しい芽は出てきます。自分の外側に新しい可能性があります。新しいことをはじめるときに来ているようです。

イエローグリーン×パープル

あなたは複雑に考えすぎるときはありませんか？　悩みすぎるとよいことはありません。悩んでいるものを捨てて、もしくはいったん考えない時間を無理やりにでもつくって、何か新しいことを考えるようにしてみてください。それを繰り返すことで、悩む時間が減ってきます。あなたは、悩むことを終わらせ、新しいスタートを切るのです。

イエローグリーン×ピンク

あなたは、新しい人間関係の中で、自分が愛を注げる人または物に出逢えるかもしれません。自分がよいと思う人や物との人付き合いを優先させてください。

イエローグリーン×ブラウン

あなたの種まきしたものが、芽をだし、根を張っているようです。あなたが頑張ってきた結果が、今はすぐに見えなくても、着実に土の中では根を張ってきているということです。土から雑草が生えてきたら、それを取り除くこと、しっかり頑張ってきたことが根を張り足元を固められるよう、手入れを怠らないようにしましょう。

イエローグリーン×ダークブラウン

あなたは、新しいものを受け入れたくないと頑固になっていませんか？　可能性の扉を開けるのを躊躇しているようです。古くて伝統的な考えもよいですが、新しいものを受け入れる勇気は必要です。失敗を恐れないでください。はじめの1歩さえ出れば、あとは継続してやるのみです。

イエローグリーン×ブラック

あなたの好奇心の芽を摘まないでください。もっと自由にチャレンジしてよいのです。

常にかっこよくなくてもかまいません。誰しも最初は未熟です。経験不足でもやがてプロフェッショナルになります。失敗を恐れずにいきましょう。

イエローグリーン×グレー

まだ何にチャレンジをしてよいのか、わからないのではありませんか？　そういうときは、アンテナを張って、感じるままに、アンテナに引っかかったものを、やってみましょう。そのうち、芽が出て、新しいスタートを切ることになるでしょう。

イエローグリーン×クリア

新しいスタートを切るときが来ています。もしかしたら、もうすでにスタートしていますか？　１つのものを終わらせて、新しいスタートを切る準備はできています。新しい可能性にチャレンジしていきましょう。

グリーン×ターコイズ

森や川などに行き、溜まっている疲れを癒しに出かけてみたらどうでしょうか？　森や川などの自然は、ストレスを軽減してくれます。あなたは、疲れているようです。心と体を休めることは忘れないでください。

グリーン×ペールブルー

あなたは、人に伝えたいことがあるのではないですか？　つい、人の顔色を気にして、言いたいことが言えなかったりします。人との付き合いに疲れているようです。これから言いたいと思うことは、言葉にするように心がけましょう。

グリーン×ブルー

しっかりと休まなければいけません。海や山に行くのもよいでしょう。今は外側に目を向けるよりも、自分自身を見つめるときです。自然体で、あるがままの自分で、人とコミュニケーションをとりましょう。

グリーン×インディゴ

今のあなたは、目立ちたくない、できればそっとしておいてほしい、そう思っていませんか？　人から目立たないと人は存在価値がないわけではありません。今、あなたはとても心地よくいられているのではありませんか？　今は充電中だと考えてください。時期が来たらまた動き出すでしょう。

グリーン×パープル

あなたは、ゆっくりと休みたいと思っていませんか？　神経的にも、身体的にも疲れが溜まっているようです。今はゆっくりしましょう。徐々に元気になっていきます。ＳＮＳなどからの情報は少しの間遠ざけて、リラックスできるところに身を置いてください。日頃の喧噪から離れて、自然の中で過ごすことは、とても効果的です。

グリーン×ピンク

自分を犠牲にすることが多くありませんか？　心から人のために動くことは素晴らしいことですが、自分を犠牲にしてまですることがよいこととは言えません。みんなのmoodメーカーであるあなたが元気でないと困る人がいます。あなたには落ち着く居場所がありますか？　自分を癒し大切にすることを忘れてはいけません。

グリーン×ブラウン

今は急ぎ足ではなく、1歩1歩、着実に、というキーワードが出てきます。今は足元を固め、確認しながら、進んでいくのがよさそうです。それは、あたかも進んでいないかのように思うかもしれませんが、ちょっとずつ成長していますので、安心してください。

グリーン×ダークブラウン

今は、上へと進んでいるというより、地中の深いところまで、根を伸ばしている時期のようです。葉を上へ上へと茂らせているというよりは、今まであなたが頑張ってきたことが、あなたを強く、倒れないようにしているようです。一見、葉が上へと茂るわけではないと、立ち止まっているかのように思えるかもしれませんが、見えないところで、根を伸ばしています。今はそういうときだと思ってください。あなたの日頃の頑張りが着実にあなたの土台を強くしています。あなたが倒れないように根を張ることも立派な成長です。

グリーン×ブラック

休めない状況にいるのでしょうか？　休みたいのに、そうすることはできない状況に身を置いていますか？　自分の気持ちを覆い隠して、頑張っているように感じます。きちんとしないといけない、そう思っているのでしょうか？　いつも鎧をまとっていたら、心身が消耗してしまいます。時には、素の自分に戻りましょう。そうしないとあなたは潰れてしまいます。いつもしっかりした隙のない自分でなくてもよいのです。

グリーン×グレー

あなたは平和主義の人です。日常の心の落ち着きを大切にしているので、その平和な空気が壊れるのを嫌います。もしも、自分が言おうとしていることで、誰かが傷つく、自分の心や周りも平和でいられなくなるのだとしたら、あなたは、有耶無耶にして、はっきりとした明言をさけるでしょう。

グリーン×クリア

今は何かの陰に隠れているときではありません。光り輝く場に出ていくときなのです。あなたには新しい可能性が秘めています。新しい可能性は、あなたをレベルアップさせてくれます。怖がらないで、新しいスタートを切っていきましょう。あなたはやる気に満ちています。今は冒険するときと思って進んでみましょう。

ターコイズ×ペールブルー

たくさんの人と文章を書くことで、または自分のアートでなど、言葉以外の方法で、自分が伝えたいことを発信していきたいと思っていませんか？　それも今流行りのＳＮＳツールもよいかもしれません。たくさんの人にあなたの想いが伝わりますよう、流行りにのってやってみましょう。

ターコイズ×ブルー

今、あなたは、言葉で会話するよりも、ＳＮＳでのやり取りのほうが多い、あるいは自分の文章や作品でたくさんの人に自分の想いを伝えるほうが多いですか？　今のあなたにとって、１対１での言葉のコミュニケーションよりも、１対複数のコミュニケーションをもとめているようです。その中で、自分自身の気持ちというよりも、自分の仕事もしくは趣味などを伝えるほうが多くなっていませんか？　何か、コミュニケーションが単に自分の気持ちを伝えあうというよりも、ほかの目的、たとえば仕事の宣伝をすることが目的のようになっているようです。

ターコイズ×インディゴ

自分の直感で本当に大切なものを見つけたり、選別したり、考えて決めるというよりは、あなたの持っている直観や審美眼で、自分が進むべき道を選んでいくほうがよいです。あなたは直感が優れているので、自分が導かれる方向に自然と進むことができるようです。あなたの心の眼で見て、感じて、進むようにしてみてください。

ターコイズ×パープル

あなたはパートナーと呼べる人がいますか？　男性とは限りません。あなたの想いを全部話さなくてもわかってくれるようなソウルメイトのような人はいますか？　あなたの目標に向かって一緒に進んでくれるソウルメイトのようなパートナーをあなたは欲しいと思っているのかもしれません。

ターコイズ×ピンク

あなたは美容が好きで、自分の美容法について、多くの人に伝えたい思いがあるようです。美容とひと言で言ってもいろいろあります。その伝え方はユーチューブなど、一度にたくさんの人に見てもらえる媒体で伝えると、一気に広がるでしょう。

ターコイズ×ブラウン

あなたは、自由に動きたくても動けない、そんな状態でしょうか？　あなたは、自由でいられないと、自分らしさを発揮できません。あなたが自由になれない理由は何ですか？古い考えや、固定観念にしばられないようにしましょう。あなたを縛り付けるものを一度投げ捨てて、自分の想いのままに進んでみると、自ずと方向性が決まるでしょう。

ターコイズ×ブラック

あなたの直感が鈍っていませんか？　あなたの自由な雰囲気が消されているように見えます。我慢していることは何ですか？　あなたは鎧を着こんでいるようです。その鎧を脱ぐことはできませんか？　何を選ぶのかは、すべてあなた次第です。

ターコイズ×グレー

南国の暖かい海に、雲が出てきています。あなたがモヤモヤと感じるものは一体何ですか？　雨雲もしだいになくなるでしょう。今はやり過ごしましょう。危険なことには近づかない、危険察知能力が高いあなたならそれができるでしょう。

ターコイズ×クリア

あなたは今、どこへ進んでも、光が当たって、先まで見通せるくらい、海の水は澄んでいます。今は成功が約束されているかのようです。あたらしく始めるものがあれば、トライしてみてもよいでしょう。今は波乗りのように、進むときです。自由にあなたのやりたいように進んでいきましょう。

ペールブルー×ブルー

今も人とのコミュニケーションは大切にしているし、これからも大切にしていきたいと思っているようです。あなたにとって「言葉で思いを伝える」というのが鍵のようです。

今後も、自分の想いを言葉で伝えることを意識していかれるとよいでしょう。

ペールブルー×インディゴ

あなたの自分の知識を自分のやり方で、これから人に伝えていきたいと思っているようです。あなたは洞察力が鋭いので、インスピレーションを使って人に伝えることが上手です。

ペールブルー×パープル

あなたの頭の中で考えているこだわりや価値観をこれから人に伝えていたいのではありませんか？　あたまで考えてきたことを言葉にするのは難しいかもしれませんが、言葉で伝えられるようにしましょう。

ペールブルー×ピンク

あなたは愛を言葉で伝えていますか？　愛情表現は、なによりも相手にわかるように、言葉で伝えることが大切であるとあなたは思っています。これからは、言葉で伝えられるようになりたいと思っています。言葉でのコミュニケーションを大切にしていきましょう。

ペールブルー×ブラウン

今まで、あなたは我慢していたのかもしれません。今までは自分の想いを語ることはせず、自分の行動でわかってくれたらよいと思っていたのかもしれません。ただ、これからはきちんと言葉で伝えないといけないと思っているようです。言葉で伝えるということは難しいことかもしれませんが、大切なことです。自分の想いを言葉で伝えるようにしていきましょう。

ペールブルー×ダークブラウン

あなたの想いはさらに強くなり、揺るぎのないものになっています。あなたの想いとはなんでしょう？　さらにこれから気持ちが固まっていくようです。その想いをこれから先、発信していくでしょう。

ペールブルー×ブラック

あなたは重苦しさを抱えているようです。もっとこの先穏やかになれたらいいなと思っています。あなたが自由に感情を表すことにブロックがかかっているようです。あなたの気持ちにブロックがかかるのはどうしてでしょう。本当は言いたいのに、言えない状態のようです。

ペールブルー×グレー

あなたは、曖昧にしておきたいことがあるようです。はっきりさせたくない、そう思っているようです。

はっきりさせることがすべていいわけではありません。はっきりさせないことで、この先も穏やかでいられると思っているかもしれません。

ペールブルー×クリア

あなたの気持ちはより強くなっているようです。過去や現在よりも未来に気持ちが向いているかもしれません。自分の中では、新しいことをやるか、やらないか、しかないと思っているのかもしれません。

極端にいうと今のあなたには、０か１００かしか選択肢がないようです。新しいスタートをきって、その新しいことを発信していきたいと思っているようです。

ブルー×インディゴ

あなたは今、自分と向き合っています。自分の中でいろいろと考えているのです。あなたは、自分なりのやり方で気持ちを伝えていきたいようです。洞察力と直観力の持ち主であるあなたは、インスピレーションでも伝えられるかもしれません。

ブルー×パープル

あなたは自分の目標に向かって、まっすぐに進んでいます。あなたは責任感の強い人なので、途中で投げ出したくありません。最後まで、やり遂げたいのです。ただし、自分のやり方で進みたい、そう思っています。あなたの中には、確固たる想いがあります。その想いに忠実に、まっすぐ進みたいのです。

ブルー×ピンク

あなたは愛に溢れた優しい人です。自分でも人からの愛情を受け入れ、そして、自分の愛を与えています。それも平等に与えたいと思っています。そうすることで、人はそんなあなたに優しく接するでしょう。

ブルー×ブラウン

あなたは、今までのやり方をきちんとしなければと、思っていませんか？　まじめにやろうと一生懸命なのかもしれません。ただ、度が過ぎると、あなたは自分を追い込んでしまいます。真面目なのはあなたのよいところですが、ときに、肩の力を抜いて、ゆっくり気ままにやりましょう。

ブルー×ダークブラウン

あなたは今、暗闇の静けさの中にいるのでしょうか？　もし、そう感じるのなら、今は学びのときだと受け取りましょう。今はこの学びから受け取れるものがあるはずです。

ブルー×ブラック

あなたは人と関わりたくないと思っています。コミュニケーションをとりたくないのです。あなたは悲しみを抱えているのではありませんか？　辛いときは、気を使わなくていいのです。無理に話す必要はありません。自分1人の時間をもって、癒えるまで、ゆっくりしたらよいのです。

ブルー×グレー

モヤモヤした感情を抱え込んでいませんか？　モヤモヤし、憂鬱で、落ち込んでいるのではありませんか？　モヤモヤを誰かに伝えることで、心の落ち着きを取り戻すことができます。感情を抱え込むのではなく、誰かに話すことで、そのモヤモヤを吐き出しましょう。

ブルー×クリア

あなたは、完璧主義ではありませんか？　自分に厳しすぎませんか？　あなたの真面目なところはよいところですが、ストイックすぎるようです。もっと自分を信じましょう。そんなにストイックにならなくてもあなたはできる人です。

インディゴ×パープル

あなたは、現実世界よりも、精神世界のほうに興味があるようです。もしくは現実から逃れて、社会と調和したくないと思っているのかもしれません。あなたの考えることは、人から理解されにくいかもしれません。あなたは芸術的センスも持ち合わせています。そして直感や洞察力、閃きのある人です。あなたは人と違った自分のやり方で、人に癒しを与え、社会に貢献できる人です。あなたは、言葉で伝えなくても、あなたの姿を見て、あなたについてくる人がいます。それだけあなたは人を導くことができる人でもあります。

インディゴ×ピンク

あなたは、愛されたい、自分のことをわかってほしいと思っています。何も言わずに態度だけ見て、またはインスピレーションで、わかってほしいというのは少し難しかったりします。あなたが愛されたいのなら、自分からも愛することが大切です。

インディゴ×ブラック

あなたは闇の中で瞑想をしているようです。瞑想を続けていると、インスピレーションがたくさん降ってきます。今は落ち着いて、そのインスピレーションを受け取りましょう。

インディゴ×グレー

あなたは、自分の直観に迷いがでてきましたか？　今、あなたの閃きに雲がかかっています。どちらに進んだらよいのか、わからなくなっています。あなたは本物を見抜く力があります。あなたの直観を信じて行動すると、間違いはないでしょう。

インディゴ×クリア

あなたの閃きに光があたっています。強い閃きや予感があるのではないでしょうか？それは新しい可能性を示唆しています。おそれずに挑戦してみましょう。あなたが迷わないように、導かれていくようです。新しい可能性に向かって導かれる方向へ進んでいきましょう。

パープル×ピンク

あなたは人の役に立ちたいと思っていませんか？　誰かのためになることがしたい、そんな風に思っていないでしょうか？　あなたは誰かのためになることで、自分の存在意識を見出したいのかもしれません。

パープル×ブラウン

あなたは、疲労を感じていませんか？　情報過多による疲労もあるでしょうし、肉体的な疲労もありそうです。睡眠はとれていますか？　まずは睡眠をとってゆっくり休んでください。

パープル×ダークブラウン

目標に向かう気持ちが揺るぎないものとなっています。目標を達成するには、時間がかかるかもしれませんが、今は地道に行うことで、根づくときです。着実に進んでいきましょう。

パープル×ブラック

自分の理想を闇の中に葬ろうとしていませんか？　表に出してはいけないもののように思っているのではないでしょうか？　完璧なものを求めすぎなのではありませんか？　たとえ、あなたの考えるものが人から理解されないとしても、諦めないでください。

パープル×グレー

あなたの方向性もはっきりしているようで、はっきりしていない、そんな風に感じていませんか？　そんなときは、その場その場で考えて進むしかありません。あなたが進む中で、自分の存在意義を見つけていくのでしょう。

パープル×クリア

これから自分が向かうべき道が、はっきりしているのではないでしょうか？　そうなると、まっすぐに進んでいくだけ。迷うことはないでしょう。

ピンク×ブラウン

あなたは夢見がちなところがありませんか？　どこか地に足がついていないところはありませんか？　夢を見ることは悪いことではありませんが、現実も見なくてはいけません。現実を踏まえて、夢をみることはよいことです。自分の足元を見るようにしてください。

ピンク×ダークブラウン

女性に対して古い考えに囚われていませんか？　古風な女性でなくてもよいのです。女性は保守的でないといけないわけではありません。女性らしさを出すのに躊躇いはいりません。あなたの女性らしさを出してよいのです。愛されたい、愛したい、誰かに何かをしてあげたいとそんな想いに駆られていませんか？　もっと素直になってよいのです。

ピンク×ブラック

あなたはかっこよい女性、洗練された女性です。そして、隙がないように完璧でいようと思っていませんか？　あなたも人に甘えたい気持ちがあります。それを隠して、強くて、かっこよい、完璧な女性を見せていませんか？　人に見せないところでは無理する必要はありません。甘えたい、守られたいと思うあなたでいてもよいのです。常に強い自分でいることは、重い鎧を常に纏っているのと同じこと。それでは疲れ果ててしまいます。時には鎧を脱ぎ捨てましょう。

ピンク×グレー

愛するという気持ちに暗雲が立ち込めているようです。もう一度、はっきりとさせるのか、それともこのまま過ごすのか、今はまだ決めかねているようです。何か不安なことあるのではないですか？　自分の本当の気持ちはどうなのかを考えてみるとよいでしょう。

ピンク×クリア

あなたは愛することに対して、フィルターがない状態です。包み隠すことなく愛を与えてあげましょう。あなたの愛に光があたっています。愛されたい、愛したい、誰かのために何かしてあげたいというあなたの気持ちがはっきりと表れています。その気持ちには1点の曇りもありません。

ブラウン×ダークブラウン

真っ暗な闇が明るくなりはじめ、やがて夜が明ける様《さま》を表しています。次のサイクルの始まりの準備の時期に入っているようです。あなたが問題と向き合っていたとしたら、もうすぐ夜があけるということですし、問題から逃げていたとしたら、向き合う決心がついたということです。あなたが真っ暗な闇と思っていた時期も、実際は真っ暗な世界ではなくほんの少しの明るさがありました。明けのない夜はないのです。

ブラウン×ブラック

あなたは今忍耐のときかもしれません。重苦しいと感じる時期にいます。でも、忍耐のときがずっと続く訳がありません。しだいに夜が明けようとしています。今は外に出る気になれないかもしれませんが、外に出る準備をしてください。目を避けていたことに向き合うときがきたようです。あなた自身も次第に覚悟ができてきたことを感じているでしょう。

ブラウン×グレー

あなたの中で、あいまいだったものが、しっかりと定着する様《さま》を表しているようです。今まで、その場その場で決めていたことが、事前にしっかりと準備をしてから決めるようになっています。それはあなたが今まで行き当たりばったり的な部分があったとしたら、きちんと準備をして行う、というように地道にこつこつと物事に取り組むようになってきたということです。

ブラウン×クリア

１つのサイクルが終わり、次の新しいサイクルが始まろうとしているようです。あなたは今、門を閉めた状態ですが、門から光が漏れ出ていて、もうすぐその門を開けようとしているのです。スタートする準備は整っているようです。

ダークブラウン×ブラック

あなたは、今、煩わしい喧騒をシャットアウトしたいと思っていますか？　自分だけの世界の中にいたいと思っていませんか？　誰とも顔を合わせたくない、それくらいの想いでいるのではありませんか？　そんなあなたの気持ちも少しずつ明るくなりはじめています。

ダークブラウン×グレー

根づいていたものが、すこしずつ地盤が緩くなっているようです。揺るがないと思っていたものは永遠ではありません。もう一度、自分の足元を確認してみるとよいでしょう。

あなたの中に曖昧さや優柔不断さがあるようです。そうなると、あなたの土台も安定しないものになってしまうでしょう。

ダークブラウン×クリア

深い闇にも光が差し込んできている様《さま》を表しています。深い闇にまで差し込む強い光、それはあなたがもうじき明るい場所へいくことを表しているようです。さぁ、光の方向に歩きだしてください。

ブラック×グレー

漆黒の闇が少しずつ明るくなってきています。かたくなだった心が少しずつ緩んできているようです。いつも厳しい顔つきだと疲れるでしょう。少しずつ肩の力をぬきましょう。

ブラック×クリア

「白か黒か」しかあなたの頭にはないようです。それでは周りもあなたも疲れてしまいます。色は白と黒だけではありません。グレーももちろんあるのを忘れずにいてください。

グレー×クリア

あいまいだったことがはっきりするようです。モヤモヤが晴れていく様を表しています。あなたは、モヤモヤをきれいさっぱり捨て去ったようです。これから心機一転、新しいスタートを切るでしょう。気になっていたことがはっきりとし、体調が何となく優れなかったのがスッキリするなど、目に見ても明らかなほど、不安が取り除かれ、再び新しいスタートをする様《さま》を表しています。

5色セルフカラーセラピー：2色の組み合わせメッセージ（2）

色のメッセージ（2）は、5色セルフカラーセラピーで、2色選び

色の組み合わせとして書きました。ただ、色のメッセージ（1）と色のメッセージ（2）の色のメッセージの両方を見ていただいて、あなたが選んだ色と該当する色があれば、読んでください。

レッド×イエロー

知識欲が出てきているようです。久々に本が読みたい、何か資格を取ろうかな、そんな欲求に駆られていませんか？　考えながら実行に移すという感じで、スピード感があります。今やりたいことを全力でやりましょう。

レッド×ブルー

しっかり考えてから行動しようとしています。思い立ったら即行動するのとは違います。しっかり吟味してから行動するのです。

レッド×ブラック

どちらへ行ったらよいかわからないので、立ちどまってしまっている様《さま》を表しています。

動くにも真っ暗だと歩道が見えません。そんな状態です。

レッド×クリア

あなたは新しいことを始めようとしています。それは全く初めてのもののようです。あなたにとって可能性をたくさん秘めていると思えるものです。

イエロー×ブルー

あなたは自然豊かなところにでも行ってのんびりしたい、そんな風にリラックスしたいと思っているようです。少し忙しすぎたのかもしれません。しっかり休みましょう。

イエロー×ブラック

閃きが湧かなくなっていませんか？　アイデアが浮かばないとしたら、それはあなたにブロックがかかってしまっているのかもしれません。こんなことしたらダメかな？　とか、邪念が働いていませんか？　否定的な考えを取り払わないと、閃きは生まれてきません。

イエロー×クリア

あなたの直感は、今冴えわたっています。面白いくらいにアイデアが出まくっているようです。頭の回転が速く、頭がきれる状態です。今、大事なことを決めておくと後々になって助かることがあるかもしれません。実際に、あなたには新しいアイデアがあるようで、あなたの思考の中で広がっていき、それを考えるのがワクワクして楽しいようです。

ブルー×ブラック

表に出るのを拒んでいませんか？　できるだけ1人でいたい、そう思っているのではないでしょうか？　言いたいことを言わない、自分の想いを言葉にしない、というのは、今まで自分の想いを拒絶された経験があったからでしょうか？　無理をする必要はありません。今は自分と向き合う時だと思ってください。

ブルー×クリア

あなたは、思ったことをはっきりといい、自分に嘘をつくことがありません。言い換えると、相手がこれを言うと傷つくかもと言うようなことも、もしかしたら、言ってしまっていませんか？　あなたの歯に衣着せぬ話すところはよいところです。ただ正論をぶつければ、よいわけではありません。それに傷つく人もいるということです。あなたは、本来、人の気持ちを受け取るのが上手な人です。自分が言うことで、相手がどう感じるか、その気持ちを想像するとよいかもしれません。

ブラック×クリア

あなたは、言動も行動も、はっきりとしていませんか？　よいものはよい、悪いものは悪い、という想いの人です。だからこそ、自分の中途半端なところが許せなくなったりしませんか？　それは人に対してもそうかもしれません。はっきりしない人に嫌悪感を抱くこともあるかもしれません。竹を割ったような性格があなたの長所でもありますが、自分や人に厳しすぎるところもあるのです。中途半端なものがあってもそれはそれでよいではありませんか？　曖昧さや緩さも人には必要なのです。

1色セルフカラーセラピー：カラーメッセージ
沢山ある絵具の中から、1色選んで行うカラーセラピー

この1色カラーセラピーメッセージも、セルフカラーセラピーを行う際は、お使いください。

レッド

あなたは今、何かに頑張ろうとしていませんか？　まだまだ頑張りたい、そのためのエネルギーが欲しいと思っていませんか？　レッドはエネルギーの色です。

コーラル

あなたは、もっと必要とされたいと思っていませんか？　それは社会の中で、家庭の中で、もしくは誰か特定の人にかもしれません、自分の価値を認めてほしいのです。もっと私を見てほしい、そんなメッセージが伝わってきます。

オレンジ

あなたは、友達や知り合いは多いほうがよいと思っています。人と一緒にワイワイするのが好きなのです。オレンジを選んだあなたは、友達と美味しいものでも食べたいと思っていませんか？　食事をするのも、1人は好きではありません。誰かと楽しく食事をしたいのです。

ゴールド

あなたは仕事ができる人です。そして結果主義なところもありませんか？　結果が出ないことをやらない人です。現実的で仕事もでき、頭が切れるのです。有能なあなたなら、自分のやり方を人に教えたり手助けしたりも上手にできる人です。

イエロー

あなたはどこにいても目立つ人です。太陽のように周りを照らす人です。道に迷っている人がいたら、あなたが先を照らす人になりましょう。あなたには、暗がりの中で灯りをともして人を先導していくことができる人です。

イエローグリーン

あなたは再び芽を出そうとしています。1つのサイクルが終わって新しいサイクルが始まろうとしているようです。たくさんの芽が出るように、雑草を取り除いたり、水をあげたり、日光を浴びさせたりと、準備を怠らないようにしましょう。それを自分事として考えてみると、何をすればよいか自ずとわかると思います。

グリーン

あなたは、普通に穏やかに暮らしたいと思っていませんか？　特別に何がしたいとかあるわけではなく、このまま穏やかに暮らしていきたいとそう思っているのではないでしょうか？　穏やかな日常が一番です。それをわかっているあなたは、自分のご機嫌をとるのが上手です。なんでもバランスが大切だということを知っているのでしょう。日常に植物をプラスしてみてはいかがでしょう？　もっと気持ちよく過ごせそうです。

ターコイズ

あなたはクリエイティブな人です。何かを生み出すのが上手な人です。常にアンテナを張っていて、いろんなアイデアをキャッチできる人です。そんなあなたには、自由な時間が必須です。自分ひとりの自由時間を持ちましょう。そしていつもと違う何かを1つでもやってみましょう。

ペールブルー

あなたはこれからもっと人と関わりをもっていきたいと思っていませんか？　広くいろんな人とコミュニケーションをとりたいと思っているようです。それは自分の想いをこれから伝えていきたいと思っているのではないでしょうか。

ブルー

あなたは今どちらかというと、外に出て積極的に行動したいというよりは、1人で静かに過ごしたいと思っていませんか？　自分と向き合う時間が欲しいようです。静かに過ごせる時間を少しでもつくってください。そんな時間があなたには必要です。

インディゴ

あなたは誰かにわかってほしくて行動するのではありません。自分の好きなようにやりたいのです。あなたには自分の想いが大きく、ゴールに向かって進むというより、自分の想いに向かって自分なりに歩んでいく、その過程があなたには重要なようです。

パープル

あなたには自分の世界があるようです。それは人とは違って、個性的で、あなた独自の世界観です。あなたは個性的でなくては意味がないと思っています。今あなたが求めているのは、自分の世界観をわかってくれる人です。

ピンク

あなたは美しいものが好きです。自分も美しくありたいと思っています。そんなあなたは美意識が高く、美しくなるためには努力を惜しみません。あなたは愛し愛されることを願っています。今は自分のケアをするときです。あなたの外見のケアだけでなく、あなたの心のケアも忘れずに行ってください。あなたはあなたのままで十分愛される人です。

ブラウン

あなたはコツコツと継続して何かに取り組むところはあなたの素晴らしいところです。コツコツやってきたことは、すべて吸収されて自分のものとなっています。目立った成果がないと思うことがあるかもしれませんが、日々あなたの努力はあなたの力となっていますので、安心してください。

ダークブラウン

あなたは今、疲れを感じていませんか？　時間があれば、今すぐ眠りたいと思っているようです。とにかく横になることをすすめます。時間を無理にでもつくってベッドに入って寝てください。

ブラック

あなたは今、冒険をする気にはなれません。自分の囲いをつくり、その中にいることを望んでいるようです。あなたには揺るぎない思いがあるようです。今は我慢のとき、もしくは学びのときだと思ってください。しっかりと休息をとる、睡眠をとるようにして休むことを心掛けてください。

グレー

あなたは決めかねていることがあるかもしれません。それはまだ答えが出ないようです。臨機応変に対応していくしかなさそうです。

クリア

あなたは、心機一転したいと思っているようです。新しいことを始めたいのではないでしょうか？　もうスタートしているかもしれません。新しい世界は、あなたにとって、新鮮で、ワクワクすることでしょう。

色のメッセージについて

カラーセラピーは、「感じる」ということが大切ということはお伝えしてきました。そのため、色のメッセージを書くのは、正直迷いました。ただ、「感じる」と言っても初めてカラーセラピーに触れるという人にとっては、難しくもあります。そのため、参考にしていただけるものが必要だという想いから、色のメッセージを急遽書き加えました。

自分でセルフカラーセラピーをしていただいた際、選んだ色をこの色のメッセージから見つけていただいて、どんなメッセージが書かれているか、読んでみてください。そこに書かれているメッセージが今の自分にピッタリだったと思う場合もあれば、全然違うと思う場合もあるでしょう。

色のメッセージは何通りもあるので、そう感じるのも実は当然のこと。あなたの感じたことが正解です。ただ、参考になるものがあったほうが、わかりやすいと思いますし、何より、セルフカラーセラピーを楽しんでできると思います。どうぞご活用ください。

色のメッセージで登場する色について

色のメッセージでは18色を採用しています。レッド、コーラル、オレンジ、ゴールド、イエロー、イエローグリーン、グリーン、ターコイズ、ペールブルー、ブルー、インディゴ、パープル、ピンク、ブラウン、ダークブラウン、ブラック、グレー、クリアの18色です。少色の呼び名はさまざまです。コーラルは珊瑚色、オレンジみのあるピンクのことです。少し黄色が入った赤色です。ほかにはインディゴは藍色のことです。また、ブラックとグレーを加えています。

カラーボトルを使うカラーセラピーには、おそらく、ブラックやグレーのカラーボトルは存在しないと思いますが、ブラックやグレーがあったほうが、カラーセラピーを行う上で、セラピスト目線になりますが、読み解きが面白いので加えました。

それと、このセルフカラーセラピーはおそらく色鉛筆を使う人が多いと思います、色鉛筆には、ブラックやグレーは必ずあるので、色のメッセージに加えた次第です。

ペールブルーとダークブラウンを入れた理由は、色鉛筆には呼び名は色々ですが、水色やうすだいだい、うすむらさき、モスグリーン、こげ茶などいろんな色があります。そうでなくても、薄く塗りたいときや濃く塗りたいときもあります。そんなときどんな意味になるのか、そのヒントにしていただけたらという想いで、加えております。

色のメッセージにある色を使わないといけないわけではありません。あなたが用意した絵具で構いません。お持ちの色鉛筆があれば、それでよいと思います。

セルフカラーセラピーが初めての方で、やりやすいのは、５色のセルフカラーセラピーや１色のセルフカラーセラピーです、初めての方でも簡単にできると思います。たくさんの色から選びたい場合は、お持ちの色鉛筆全色使ってやってみてください。

セルフカラーセラピーをするのにおすすめの道具

おすすめの道具について、ここで詳しく書こうと思います。私もこの仕事をしてきて、いろんな道具を使いました。その中で一番いいと思うのは、日本理化学工業さんがつくられているキットパスです。米ぬかからとれるワックスを活用した絵具です。キットパスは、自然素材に着目したもので、たとえば小さいお子さんが誤って口に含んだ場合の安全性、環境への配慮、それに書きやすさ、発色の良さをみると、このキットパスに優る文具はないのではと思うほどです。

私はキットパスを教室で使用しています。そして、最近ではキットパスをカラーセラピーツールにしてセッションをしています。キットパスの24色を自分の教室では使用しているので、24色の中から色を選んでもらうようにしています。セルフカラーセラピーをするにあたって、おうちにある色鉛筆などで構いませんが、もし、これから買おうという方には、キットパスをおすすめします。色を塗るのが気持ちよく、ストレスなく塗ることができます。そしてなんと水彩絵の具のようにも使えるのです。手も汚れませんし、持ち歩きにもとても便利です。あえてどんな文具がよいか聞かれたら、おすすめしています。

セルフカラーセラピーの記録

1日に2色ずつ選んでいます。道具は、キットパス16色を使用しています。このキットパス16色がセルフカラーセラピーのツールになっています。カラーボトルの役割です。それに手帳です。これさえあれば、毎日セルフセラピーができ、記録として取っておくことができます。

次頁の表を見ていただくと、月によってどんな色を多く選んでいるかがわかります。セ

【セルフカラーセラピー記録】

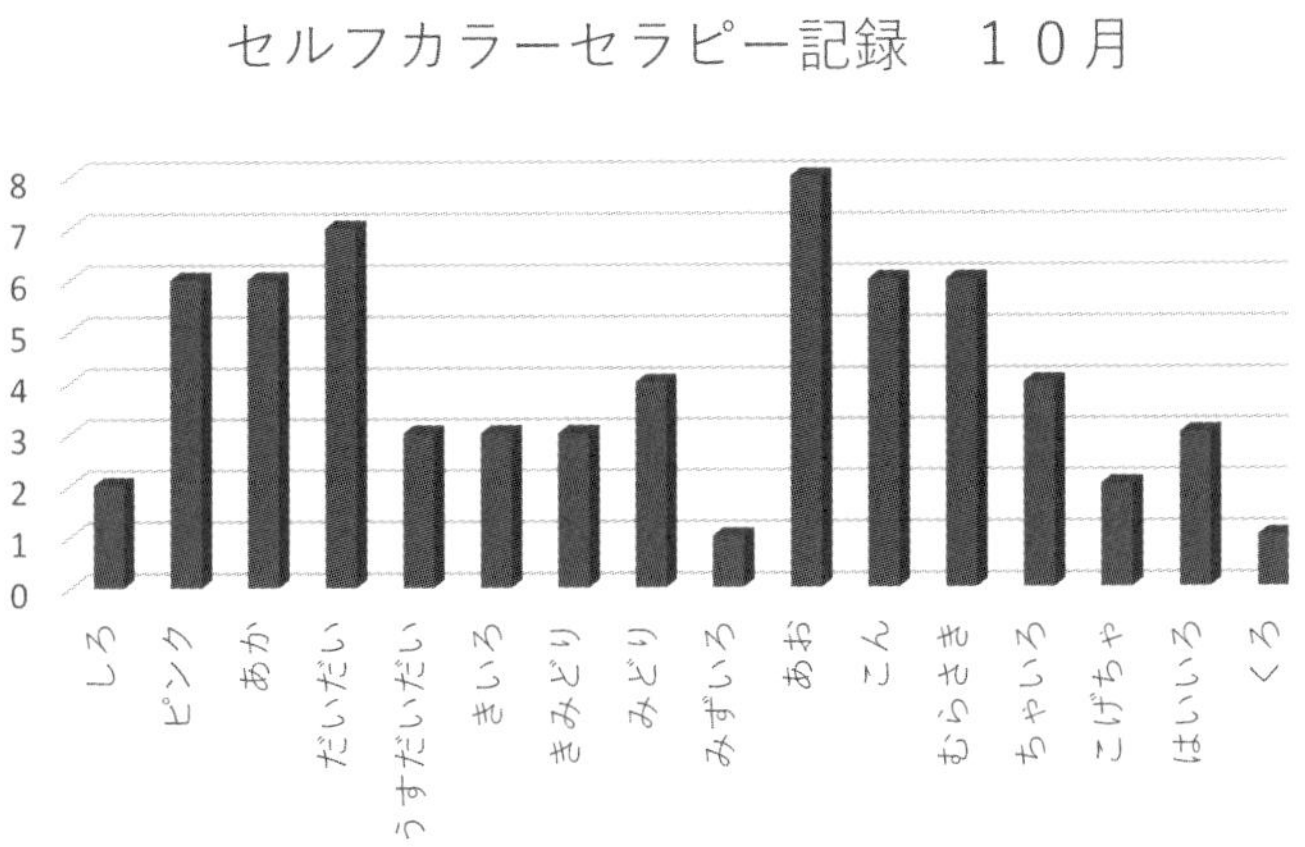

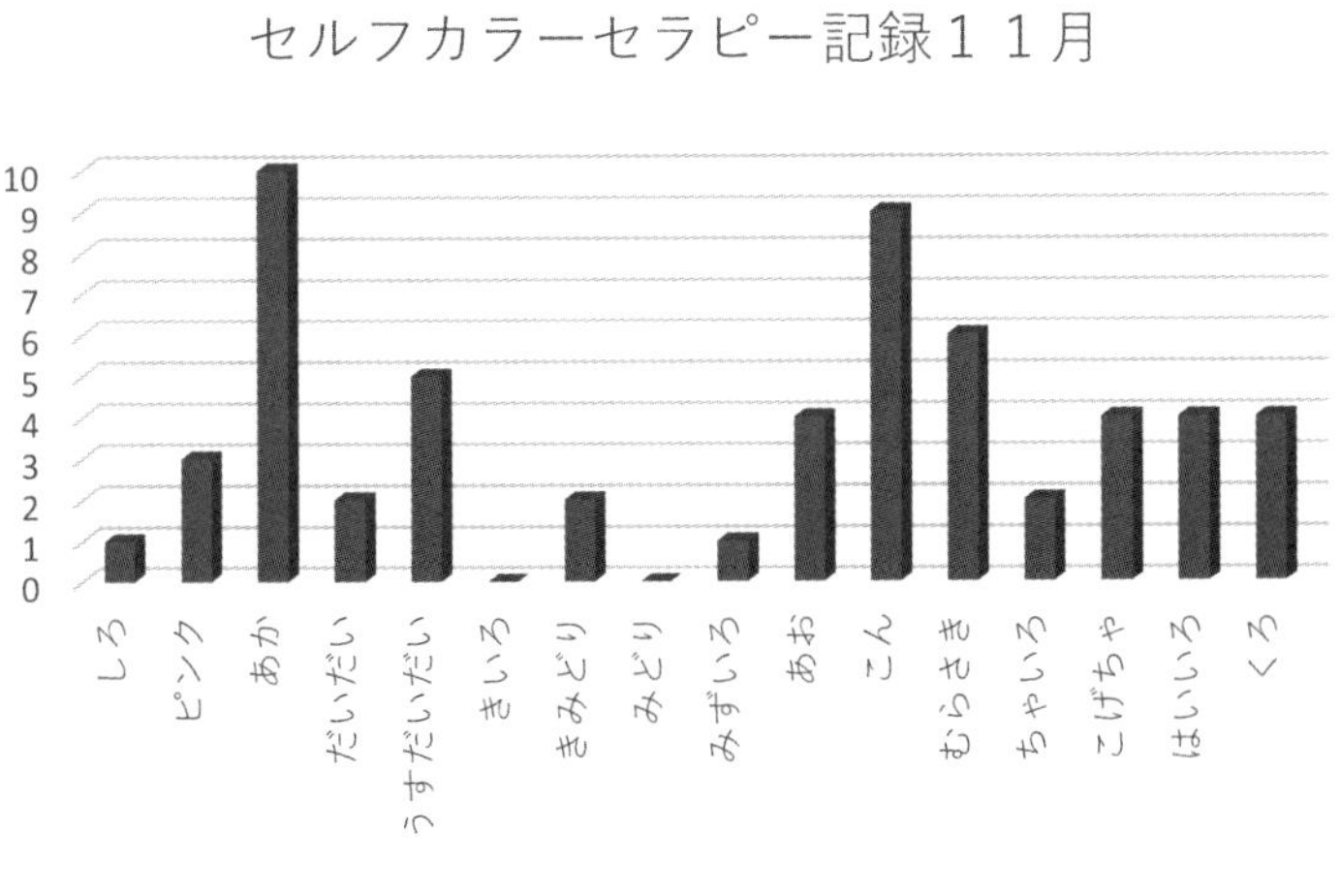

ルフカラーセラピーを色日記と呼べるのは、言葉は書かれていなくても、選んだ色で伝わってくるものがありますよね、それが色から感じるメッセージです。

毎月、月末にどんな色を選んだのか統計をとって、スケジュールの端に選んだ色の総数を書いておきましょう。そうすることで、心の状態が記録として残せるのです。そうすることで、自分の心のお天気に敏感になり、自分の機嫌を色で感じることができるようになります。やってみてください。

最後に「My history work」

このワークは、似たようなものをいろんな方が使用されています。私も自分のオリジナルでアレンジを加えてつくりました。

生まれてから、節目ごと、10年ごと区切っています。その頃のことを思い出して、その年代の自分を思い出して、色を塗ってください。そしてどんなことがあったか、メモ程度でかまいません。覚え書きとして書いておいてください。

色で見る自分史です。自分の年齢を超えたら、こんな風に過ごしたいとイメージを膨らませて、色を塗ってください。

未来の自分へのメッセージも忘れずに書いてください。

【My history work　例】

My history work							
節目の時期	幼稚園	小学校	中学校	高校	２０歳	３０歳	４０歳
該当する色（複数可）							
出来事メモ							
節目の時期	５０歳	６０歳	７０歳	８０歳	９０歳	１００歳	ＧＯＡＬ
該当する色（複数可）							
出来事メモ							

おわりに

「カラーセラピーってどんなものだろう?」「自分でできるセルフカラーセラピーっていったいどんなものなの?」そんな想いをいだいて本書を手に取ってくださったのかなと推測しています。まずは、本書を手に取って、最後まで読んでくださり、ありがとうございました。心よりお礼申し上げます。

本書は、カラーセラピーに関心がある方に向けた本として、書きました。セルフカラーセラピーは、日常簡単にできるということを伝えたかったのです。加えて、繰り返しますが、本書は、どなたでも、自分で自分のためにセルフカラーセラピーができるように書きました。本書を読んでも、自分以外の誰かにカラーセラピーセッションはできませんので、ご注意ください。それは本書の中にあるワークも同様です。自分のセルフケアのためにご使用ください。

セルフカラーセラピーができるようになると、自分で自分のご機嫌が取れるようになります。いつもカラーセラピストがそばにいて、あなたに寄り添ってくれるとよいのですが、そんな具合にはいきません。誰かにその都度相談して、生活を続けていく、ということが、あなたにとって、最良なこととは思えません。

一番幸せなことは、自分で自分のご機嫌が取れることです。それが一番よいことだと思いませんか？

自分で自分のご機嫌が取れるようになるには、セルフカラーセラピーで自分の心の動きに敏感になること、色に敏感になることだということを書きました。せっかく本書を手に取ってくださったのだから、セルフカラーセラピーを続けて実践していただけたらと思います。できない日があっても問題ありません。できる日に、無理なく続けていただけたらいいのです。手帳と、絵具があればできます。

毎日、できなかったとしても、あなたが落ち込んだとき、絵具に手を伸ばしてみてください。そして、本書に書いてあったワークでも、ただ色を画用紙に塗る、それだけでも構いません。やってみてください。色って不思議です。きっと心が落ち着いてくるはずです。

それでも、人に聴いてほしいときがあります。すべてがセルフでは抱えきれないものがあります。そのときはどうぞ、あなたがよいと思えるカラーセラピストのところに行ってください。

今は、カラーセラピストをネットで探すことができます。ホームページなどを読んでみると、セラピストの人柄が伝わるはずです。そこであなたがピンとくる人のところに行ってください。あなたの話を自分事のように聴いてくれるでしょう。人は、人に話すことで、心が癒える生き物です。あなたに信頼できるカラーセラピストが1人でもいると心強いでしょう。

私が考えるカラーセラピーの面白さは、クライアント（受ける側）が、自分が選んだ色を元に、セラピストと話をしていくなかで、色から感じるメッセージと自分自身のことをすり合わせしながら、最終的に自分で、答えを見つけていくところです。占いのように、メッセージが出てくるわけではありません。最後の最後まで、誰かに決められるのではなく、自分主導でいたいと思うからです。

私がカラーセラピーを人に教える仕事について、15年目になります。最近になって、年々思うのは、「自分ができることで、人に喜ばれることをしたい」という想いです。この想いは、日に日に強くなっています。

本書で、カラーセラピーについて、すべてを説明尽くすことはできません。専門的な言葉を使わず、初めての方にわかりやすく、書いたつもりです。カラーセラピストになるためのものではないため、色の知識を書き連ねる必要などないと、最初から専門的なことは書いておりません。

本書が、あなたの人生で、嬉しいときも、悲しいときも、どんなときでも、セルフカラーセラピーをやることで、また色に触れることで、自分の心を整えることができる、そんな本となれば嬉しいです。

木下　真由美

【参考資料】

「色の秘密　色彩学入門」野村順一　文春文庫
「ピンクの秘密」野村順一　文藝春秋
「自分を再生させるためのユング心理学入門」山根久美子　株式会社日本実業出版社
「自我と無意識」ＣＧユング　松代洋一／渡辺学　訳
「虹色のチョーク」小松成美　幻冬舎

著者略歴

木下　真由美（きのした　まゆみ）

1972年生まれ　島根県松江市出身
広島市在住
色彩サロン coco bonbons 主宰
熊本県立大学大学院文学研究科中退
京都芸術大学芸術教養学科在学中
文部科学省後援色彩検定1級
キットパスアートインストラクター

色で心を癒す「セルフカラーセラピーガイド」

色で簡単に自分のことを癒し、整えることができるセラピー

2025年1月30日　初版発行

著　者　木下　真由美　© Mayumi Kinoshita

発行人　森　　忠順

発行所　株式会社 セルバ出版
〒113-0034
東京都文京区湯島1丁目12番6号 高関ビル5B
☎ 03（5812）1178　FAX 03（5812）1188
https://seluba.co.jp/

発　売　株式会社 三省堂書店／創英社
〒101-0051
東京都千代田区神田神保町1丁目1番地
☎ 03（3291）2295　FAX 03（3292）7687

印刷・製本　株式会社 丸井工文社

Printed in JAPAN
ISBN978-4-86367-944-3